Sri Ramakrischna
der letzte indische Prophet

Dr. Carl Vogl

Mein Dank geht an Peter Windsheimer für das Design des Titelbildes. Des Weiteren an Ariane und Michael Sauter.

Für Schäden, die durch falsches Herangehen an die Übungen an Körper, Seele und Geist entstehen könnten, übernehmen Verlag und Autor keine Haftung.

Copyright © 2014 by Christof Uiberreiter Verlag
Castrop Rauxel • Germany

Herstellung und Verlag:
BoD – Books on Demand, Norderstedt
ISBN 978-3-7322-4376-1

Einleitung

Vor kurzem begegnete ich dem Direktor einer großen staatlichen Bibliothek und fragte ihn: „Über welches Gebiet wurden Ihrer Meinung nach die meisten Bücher geschrieben?"

Die Antwort war: „Stellen Sie Kataloge zusammen, die lediglich die Titel aller jener Werke enthalten, die von Mystik, Magie, Kabbala, Zauberei, Theosophie – der alten und der neuen –, von Geistern und Gespenstern, von Alchimie, von göttlichen und teuflischen Offenbarungen, von Spekulationen über die letzten Dinge usw. handeln und von alledem, was damit zusammenhängt, – die Räume, die solche Kataloge fassen sollten, müssten größer sein als die Säle, die nötig wären, um sämtliche Bücher andern Inhalts aufzubewahren!"

Wen hätte diese Antwort nicht verblüfft? Wem gäbe sie nicht zu denken? – Wem öffnete sie die Augen nicht, falls er sich überhaupt jemals die Frage vorgelegt hat: Welches ist das Ziel, dem der menschliche Geist zustrebt? Kulturen – solche, die wir kennen, und solche, die wir nur ahnen, – sind untergegangen und nie mehr aufgebaut worden, – was aber taucht immer wieder auf? Wird immer wieder neu wie der Phönix? Die Dinge, die ins Reich des Übersinnlichen gehören!

Oft scheinen sie tot zu liegen, wie die Götter des alten Griechenland's, dann – meist gegen Schluss jedes Jahrhunderts – sind sie plötzlich wieder da; niemand weiß, wer sie erweckt hat, aber sie leben. Sie leben, den Schulmeistern aller Zeiten, aller Völker und jeglicher Färbung zum Trotz! Sie sind so groß und stark, dass, wenn sie in voller Blüte stehen, sie sogar jene furchtbaren Mächte, vor denen die Menschheit heute noch im Staube liegt: Geldgier, Genusssucht und Geschlechtstrieb, wenn auch immer nur für eine Spanne Zeit – besiegen. Man vergegenwärtige sich einmal das Dasein eines indischen Fakirs.

Losgelöst von allem, was das Leben begehrenswert macht, losgelöst von jeglicher Behaglichkeit, von Heim und Hütte, von Weib, Besitz und Genuss, preisgegeben glühender Sonnenhitze, dem Sturm, dem Regen, der Kälte – steht er – fast nackt, unbeweglich, den Arm immerwährend steif in die Höhe haltend, bis er schließlich – wie ein Baumast – verdorrt; im Freien.

Oder er ballt von Morgen bis Abend, von Abend bis Morgen die Faust, bis der Daumennagel durch die Handfläche wächst gleich einem Dorn. Andere treten jahrelange Wanderungen an, von Benares bis hoch nach Tibet hinauf und zurück, indem sie sich bei jedem Schritt zu Boden werfen, um am Ende ihrer Pilgerfahrt sagen zu dürfen: „Ich habe die halbe Erde gemessen mit der Länge meines Körpers."

All das nur um der Sehnsucht nach dem Übersinnlichen willen.

Man nenne mir eine andere Macht, ein anderes Ideal, das ähnlich starke, magnetisch ziehende Kräfte hätte!

Liebe zum Vaterland, Gier nach Herrschaft, Trieb nach Reichtum – sie alle haben gar manchen den Tod verachten lassen, haben viele zu fast übermenschlichen Taten angespornt; wo aber ist nur ein einziger, der ihretwegen ein Fakir geworden wäre für Lebenszeit und – noch darüber hinaus?! Wie komisch mutet es einen da an, wenn man sagen hört: „Okkultismus ist heuer die große Wintermode."

Ich kenne einen Buchhändler, der sagte zu mir vor mehreren Jahren: „Okkulte Bücher? Mumpitz. Die Säsong is Jottseidank endgültig vorüwa."

Heute lebt er in New York; in seinem Laden hat er – bloß noch okkulte Bücher. Ich bin mir klar bewusst: Ich steche in ein Wespennest, indem ich mit diesem Vorwort eine Reihe Bücher eröffne, die ich unter dem Titel: „Romane und Bücher der Magie" herausgeben werde. Nichts kann die Schulmeister so bald in Wut versetzen wie der Anblick des für sie roten Tuches: „Mystik, Magie und Okkultismus."

Sie schützen dann immer Besorgnis ums Volkswohl vor.

„Wir Deutschen" – so rufen sie – „dürfen nicht – und heute erst recht! – den Boden der Wirklichkeit unter den Füßen verlieren."

Nur ruhig, meine Herren! – Schauen Sie sich mal die Amerikaner und Engländer an; haben die vielleicht den Boden der Wirklichkeit unter den Füßen verloren?

(Womit ich nicht etwa die Amerikaner und Engländer als leuchtende Vorbilder hinstellen will!) An ihrer Politik gemessen, macht es nicht den Eindruck, als seien sie träumerische Phantasten, und doch sind gerade sie es, die heute zehnmal mehr Bücher über besagtes Thema nicht nur besitzen, sondern auch lesen.

„Unsere Jugend soll sich an den Klassikern erbauen!" schreien die Schulmeister.

Freilich sollte sie. – Aber es fällt ihr gar nicht ein.

„Oder unsere Philosophen studieren!", heißt es weiter.

Freilich! Auch das! Was aber, wenn sich unsere Jugend lieber den Daumen abbeißt, als den Kant zu lesen?

Herr Schulmeister, Herr Schulmeister, ich fürchte, Sie sind ein Huhn, das Enteneier ausgebrütet hat. Ich will Ihnen eine Wette vorschlagen, Herr Schulmeister! Ich mache mich anheischig, alle diejenigen unter je hunderttausend Buchlesern, die den Spinoza studiert haben, oder sich von Ihnen dazu bewegen lassen, in einer kleinen Telefonzelle unterzubringen! Sollte ich unrecht behalten und die Telefonzelle sollte sich als zu eng erweisen, so bin ich gern bereit, von der Herausgabe meiner „Romane und Bücher der Magie" abzustehen.

„Ich will das Volk noch mehr vergiften?", meinen Sie, Herr Schulmeister?

O nein! Im Gegenteil, ich entgifte es.

Das ist ein kleiner Unterschied!

Warum lesen heute so wenige Goethes „Faust" II. Teil, Spinoza, Schopenhauer, „die Mysterien von Samothrake" usw.?

Weil sie sich innerlich sagen: „Was kauf ich mir dafür?"

Wer aber ist daran schuld, dass das Volk innerlich so denkt?

Nur Sie allem, Herr Schulmeister!

Wer ist schuld, dass heute alles in die blödsinnigen „Kinodramen" läuft?

Nur Sie allein, Herr Schulmeister!

Wer ist schuld, dass in den Buchladen nur mehr die dümmsten Detektivgeschichten gekauft werden? – Etwa Mr. Conan Doyle, der Bahnbrecher dieser Literatur?

O nein, er nicht! Sie allein sind schuld, Herr Schulmeister!

Wer hat denn die armen Jungen in den Klassenstuben jahraus, jahrein damit gequält, die strategischen Ergüsse des Xenophon oder anderer griechischer und römischer Feldwebel bis zur Neige zu schlürfen?

Doch wohl Sie, Herr Schulmeister!

Und jetzt wundern Sie sich auch noch, dass die entkommene Brut zu Indianergeschichten greift, um sich den verdorbenen Magen wieder einzurenken; so wie jemand einen Schnaps trinkt, um den Brechreiz loszuwerden.

Die Ziegenmilch der frommen Denkungsart ist sauer geworden, Herr Schulmeister; Sie haben zu lange Ihre ewigen: „Du musst, du sollst" in den Topf gespuckt.

Jetzt ist das Kino über uns hereingebrochen! Sie möchten es, Herr Schulmeister, ausrotten – ich glaub's Ihnen gern; aber – Ihnen wird es nicht glücken. Auch der klassischen Kunst nicht, denn das Volk ist unheilbar misstrauisch geworden gegen alles, was so aussieht, als hätten Sie die Finger drin, Herr Schulmeister.

Sind Sie wirklich so unheilbar blind, Herr Schulmeister, dass Sie die Zeichen der Zeit nicht sehen? Sehen Sie das Sankt-Elms-Feuer nicht auf dem Turmknauf?

Sie meinen, wenn der Bolschewismus sich im Rinnstein wird verlaufen haben, dass dann alles wieder gut ist und dass Sie von neuem das alte Gebimmel des „Liedes von der Glocke" werden anstimmen können! Nein. Die Zeiten sind vorbei! Auch die Phantasie will neue Bahnen gehen; sie hat es satt, von Ihnen gegängelbandelt zu werden. Die Mauern des bürgerlichen Gehöftes hat der rote Stier umgerannt, weil er Morgenluft witterte und im Stall nicht genug zu fressen bekam, – durch die Bresche flieht jetzt alles ins Freie, alles, das die Fesseln zerreißen kann. Da hilft kein „Halt" schreien mehr! In Amerika wird bald kein Tisch mehr sein, der nicht „spiritistisch" gerückt würde; in England redet man abends beim Tee mit den Toten; in Bayern fliegen spukhaft zum Ärger der Naturwissenschaftler „die Rüben in den Bauernhäusern umanand" und in Südafrika geht der Prophet Elias, als Schwarzer verkleidet, bei den Schwarzen spazieren. Wie soll man all das deuten?

Bloß als Verwesungssymptom der – unberufen – krepierten „großen Zeit"? Ich sage nein! – Es ist ein Auferstehungszeichen! Freilich trägt sein Gesicht scheußliche Amphibienzüge.

Aber ist das nicht bei jedem Embryo der Fall? Nein, diesmal gebiert der kreißende Berg keine Maus; lassen Sie diese Hoffnung fahren, Herr Schulmeister.

Oder kehren vielleicht die alten Erscheinungen des Hexentums wieder? – Möglich; dann jedoch sicherlich nur für eine kurze Spanne Zeit. Die Maske, unter der das Übersinnliche in die Erscheinung tritt, ist jedes Mal anders; niemals ist sie die gleiche. Nur wer ein Maskenkenner ist, dem wird es möglich sein, die irreführende Hülle zu durchschauen und sich in das ganze Wesen jener Kraft einzufühlen, die sich dahinter verbirgt.

Und ein Maskendurchschauer in diesem Sinne kann man nur werden, wenn man das Leben, die Lehre, das Tun und das Lassen, das Spekulieren und das Phantasieren jener Menschen betrachtet und durchforscht, an denen sich das Übersinnliche offenbart hat. Es genügt nicht, sein Interesse festzulegen an der oder jener Person und dann zu glauben: „Jetzt habe ich den Richtigen gefunden."

Das Gebiet der Mystik, der Magie, des Okkultismus oder welche Namen immer man dafür wählen mag, ist so ungeheuer, dass es unmöglich ist, durch eine einzige Ritze in der Wand das Ganze zu überschauen.

6

Auf die Art, wie man das Thema der maschinellen Technik oder sonst eines irdischen Wissensgebietes seinem Gehirn einverleiben kann, kann man sich jenes Reich nimmermehr zu eigen machen. – Zuerst muss das heiße Interesse an allem, was damit zusammenhängt, wieder erweckt werden. Das kann – im Anfang – leider nur auf dem Umweg geschehen über spannende Romane, selbst auf die Gefahr hin, dass der Literaturprofessor außer sich gerät, denn, was „spannend" ist, das bedeutet ja für ihn das Gegenteil von Kunst. Ich sage: „Leider", denn besser wär's freilich, man könnte gleich mit dem „Faust" beginnen; aber das ist, wie ich bereits ausgeführt habe, unmöglich; die Phantasie allzu vieler ist noch tot für dergleichen, oder sie ist auf Abwege geraten.

Dass ich in der Reihe der „Romane und Bücher der Magie" nur das Beste auszuwählen bestrebt sein werde, ist selbstverständlich. Wenn an einem oder dem andern Roman der rein künstlerisch Denkende und Fühlende – der „Literat" sozusagen – Anstoß nehmen zu sollen glauben wird, so sei ihm vorgehalten: Ich muss, um ein vollständiges Bild des übersinnlichen Reiches zu geben, notgedrungen auch zuweilen ein Werk bringen, das der Feder eines Laien im Kunstausdruck entfloss, sofern es nur echt, erlebt und erfühlt ist und nicht – wie so manches, das heute mit dem Mäntelchen der „Literatur" behängt wird – auf „kaltem Wege" entstand. (Ich darf mir ohne Überhebung ein sicheres Urteil bei solcher Wahl anmaßen, denn ich habe mein ganzes Leben hindurch – das soll durchaus nicht etwa ein Eigenlob sein – und von Kindheit an dieses Gebiet mit heißem Bemühen durchforscht.) Ist erst einmal das Interesse des Lesers an übersinnlichen Dingen erwacht, sofern es nicht schon vorhanden war, so tritt gar bald das ein, was „nottut": Fragen, die einem bis dahin unlösbar schienen – Fragen sogar, die das gewisse: „Was soll ich tun, was soll ich nicht tun" betreffen, lösen sich von selbst; die eigene flügge werdende Imagination entwirrt die verwickeltsten Knoten, der Verstand wird hell, wird weise und klug. – Beim Phantasielosen ist er bestenfalls nur schlau. Und das alles soll durch Romanlesen entstehen? Durch das Lesen von – Romanen allein nicht, wohl aber, wenn man sie abwechselnd liest mit den Lebensbeschreibungen und Erlebnissen von Menschen, die mitten drin standen in Magie und okkulten Begebenheiten. Dass auch hier nur solche Werke zu Worte kommen sollen, die sich nicht minder fesselnd lesen – vielleicht sogar spannender sind als die Romane –, dafür werde ich sorgen. Ist mir doch selbst alles Papierene, Trockene, lehrhaft Dozierende, alles Tote und Moralpredigende aus tiefster Seele verhasst!

Glaube nur ja keiner, dass er durch die Lektüre derartiger Bücher, wie ich sie in der Serie bringen werde, den Boden der Wirklichkeit unter den Füßen zu verlieren Gefahr liefe, oder dass er oder ihm Anvertraute „Opium"träumer oder unpraktische Menschen dadurch werden könnten. Nur für den, der bloß durch eine einzige Ritze späht, für den Oberflächlichen also, ist diese Gefahr vorhanden. – Eine lebendige Phantasie hat noch niemand zu Fall gebracht; so wie ein frommer Mensch fast nie religionswahnsinnig wird, sondern immer nur – so unglaublich das auch klingen mag, dennoch ist es Tatsache! –: Bankkassierer, Schachspieler u. dgl., kurz: Rechnende, nüchterne Menschen. Ich sage und glaube fest: Nur jemand, in dem ein glühendes Interesse lebt für alles und jedes, was mit den Dingen des Übersinnlichen zusammenhängt, und böte es sich auch in noch so bizarrer, schwer glaublicher oder verzerrter Form – nur und ausschließlich ein solcher kann bis in die Tiefen von Büchern wie z. B. „Faust" eindringen und sie mit Gewinn und wirklichem Genuss lesen; wer nur die Sprache darin schön findet und die Weisheitssprüche lediglich als „kluge" Wegweiser ansieht, der schmeckt das Salz nicht, mag er sich auch noch so tiefsinnig selber vorkommen.

Und indem ich bemüht bin, das Interesse an den Dingen des Übersinnlichen auf meine Weise zu wecken, so wecke ich auch das Interesse am „Faust"; allerdings nicht durch den Schulmeisterbefehl: Du musst! Du sollst!

Als erster Band der „Romane und Bücher der Magie" erscheint das Buch: „Sri Ramakrischna, der letzte indische Prophet" von Pastor Dr. Carl Vogl.

Es ist so recht bezeichnend für unsere Zeit und ihre geistig grundfalsche Orientierung, dass Jahrzehnte vergehen konnten, ehe sich ein deutscher Verleger fand, der sich entschloss, die Lebensgeschichte, die Lehre Ramakrischnas und die erstaunlichen Begebnisse um ihn – in Druck zu legen. Jetzt, wo die Schriften um das Mehrfache teurer geworden sind, geschieht es.

Es kommt mir vor wie die Geschichte mit den Büchern der Sibylle; erst als sie weniger und teurer geworden waren, kaufte sie der Herr Tarquinius. Dass gerade ein evangelischer Geistlicher der Interpret ist, zumal ein wahrhaft Lebendiger und ein Kenner des Jogagebietes, wie Herr Pastor Dr. Carl Vogl, ist höchst erfreulich.

In englischer Sprache ist das Leben Ramakrischnas von dem berühmten Oxforder Orientalisten Prof. Max Müller bereits erschienen. Es ins Deutsche zu übersetzen, war keine Zeit, wir mussten uns doch rüsten – zum

8

Untergang!

Viele Jünger Ramakrischnas – die Swamidschis: Vivekananda, Abhedananda und andere haben Europa bereist, weilten jahrelang in Florenz usw., haben den Religionskongress in Amerika beschickt und dort die Lehren ihres Meisters verkündet – wer bei uns hat davon erfahren?

Dass irgendein Zwockel in Tibet herumgaloppiert ist, um abermals festzustellen: Der Gaurisankar ist erstaunlich hoch, hat allgemein Bewunderung erregt. Dass ein Prophet, größer als Mohammed z. B., in unseren Tagen gelebt hat, das wurde uns vorenthalten!

Man sollte doch denken, dass hohe Menschen interessanter sind als hohe Berge, wenn sie auch weniger lang leben!

Herr Pastor Dr. Carl Vogl hat in seinem Buch den Propheten Ramakrischna und seine Erlebnisse mit so eingehender Kenntnis und großer Feinheit geschildert, dass es mir überflüssig erscheint, über den Inhalt des Werkes hier noch Worte zu verlieren. Der Leser wird lückenlos selber darin finden, worauf es ankommt.

Es genügt, nochmals darauf hinzuweisen, dass ein Gelehrter wie Max Müller sicherlich nicht mit so außergewöhnlicher Begeisterung, wie es geschehen ist, von Ramakrischna gesprochen und geschrieben hätte, hätte er nicht in ihm die ragende Persönlichkeit erkannt, der er war. Dies als kurze Einleitung zum ersten Band. Der zweite Band trägt den Titel: „Eliphas Lewi (Abbé Costant), der große Kabbalist", und wird die Lebensgeschichte, die Lehre und die magischen Experimente dieses merkwürdigen französischen modernen Adepten enthalten.

Das dritte Buch soll voraussichtlich ein Roman sein. Sämtliche Bände werden in rascher Folge erscheinen.

Starnberg, im Juli 1921 Gustav Meyrink

9

*Gleichwie ein mächtiges Dampfschiff rasch über die
Wasser dahinfährt, Flöße und Barken hinter sich her-
ziehend, also tragt ein Heiland, der hernieder gestiegen,
Tausende gemach über den Ozean des Scheins.*

Ramakrischna

SEINE LEBENSGESCHICHTE

Ramakrischna wurde geboren in diese Welt der Erscheinungen am 20. Februar 1833 in einem entlegenen Dorfe Bengalens. Er war der Sohn eines Brahmanen. Gadadhara wurde das Kind geheißen, das ist der Beiname des Gottes Wischnu und bedeutet „Keulenträger". Seinem Vater – er hieß Khudiram Chattopadhjaja – war nämlich während einer Pilgerreise Gott Wischnu in einem vorschauenden Traume erschienen und hatte ihm gesagt, er würde sich als sein Sohn inkarnieren. Der Name Ramakrischna stammt erst aus einer späteren Zeit.

Der Vater muss mit allerlei seltsamen Fähigkeiten begabt gewesen sein. So soll er die Zauberkraft des Wortes besessen haben, das heißt: Was immer er jemandem zusagte oder anwünschte, sei es im Guten oder Schlimmen, das ging unfehlbar in Erfüllung. Bei jedermann stand er hoch in Ehren, niemand wagte in seiner Gegenwart ein gemeines Wort zu sprechen.

Entsagung und Armut sind in weitem Maße das Los der indischen Brahmanenkaste. Wir dürfen nicht mit den Begriffen an sie herantreten, die wir gewinnen im Anblick des Priestertums der römisch-katholischen, oder auch des Pastorentums der evangelischen Kirche. Da ist Reichtum, Wohlstand, Behäbigkeit, und oft genug weltlicher Sinn, bisweilen nur allzureichlich. Am ehesten vielleicht noch könnte man den Brahmanen vergleichen dem Priester der russisch-orthodoxen Kirche; nur muss man dann wiederum ausschalten die Vorstellungen von Ungebildetheit, Trunksucht, Unreinlichkeit, die sich so leicht daran knüpfen. Dem Brahmanen sind nicht nur fast alle weltlichen Berufe und Geschäfte verschlossen, er muss in weitestem Maße verzichten auf Geld und Gut. Dabei ist er zur Wohltätigkeit verpflichtet gegen jeden Bedürftigen. Jeder Arme, der den Ort berührt, soll gespeist werden im Brahmanenhause. Das ist vor allem Aufgabe der Brahmanenfrau. Während indisches Kastenwesen vor allem den Brahmanen mit strengen Vorschriften hinsichtlich seines Verhaltens zu den Angehörigen anderer Kasten umschränkt, so dass er lieber verhungern soll, ehe dass er Speise nimmt aus unreinen Händen, so muss er anderseits äußerste Liebe erweisen jedermann, selbst wenn er dabei zugrunde ginge. Das große Epos Mahabharata weiß zu erzählen, wie eine ganze Familie Hungers starb, nachdem sie einem Bettler ihr letztes Mahl geschenkt. So ist das Leben innerhalb einer Brahmanenfamilie eine beständige Askese, von einer Reinheit, Weltabgeschiedenheit, Hilfsbereitschaft und Nächstenliebe, wie kaum noch anderswo in dieser Welt der Selbstsucht, der Herrschbegier und der animalischen Triebe. Ramakrischnas Eltern befolgten streng alle Obliegenheiten, die ihnen ihr äußerlich armer, aber innerlich und auch gesellschaftlich so hoch gehobener Stand auferlegte. Besonders die Mutter war das Vorbild einer Brahmanenfrau. Gar viele Mal hat sie gehungert, ganze Tage lang, um eines armen Menschen Hunger zu stillen.

So wuchs das Kind inmitten heiliger Armut, selbstverständlichem Verzicht auf allen Sinnengenuss heran, immerwährend gerichtet nach denjenigen Werten und Gütern hin, die nicht von dieser Welt sind, und die Menschengeist und -gemüt hinausheben weit über die Grenzen des geschäftigen Alltags in eine Überwelt unnennbarer Wesenheiten. Für den Knaben Ramakrischna gerade die Umgebung, die seiner Anlage und Bestimmung am besten entsprach.

Schon in früher Kindheit zog der Knabe durch seinen Liebreiz jeden an, der ihm begegnete. Frühzeitige Begabung zeichnete ihn aus; so war er imstande, die religiösen Schauspiele und Melodien, die er sah und hörte, gleich nach dem ersten Mal spielend daheim vorzuführen. Er war sehr musikalisch und hatte eine vortreffliche Stimme, die er behielt bis an sein Lebensende. Hatte er ein Drama gesehen, etwa eines, das Krischna verherrlichte, so pflegte er seine Kameraden jedem eine Rotte zuzuteilen und unter einem Baum das Ganze noch einmal in Szene zu setzen. Auch in der bildenden Kunst hatte er ein feines Verständnis und sein Urteil hat schon früh als maßgebend gegolten in seiner Heimat, selbst älteren Leuten. In späteren Jahren hat er ein zerbrochenes Standbild des Krischna wiederhergestellt, das heute in einem Tempel zu Dakschineswara aufbewahrt wird. Mit sechs Jahren war er vollständig vertraut mit den heiligen Epen und Legenden, wie er sie von wandernden Predigern in seiner Heimatssprache (Bengalisch) gehört hatte. Des Sanskrit, der gelehrten Grundsprache Indiens, war er niemals mächtig.

Da Ramakrischnas Heimatort an einer Pilgerstraße lag, so benützte der Knabe oft die Gelegenheit, die durchziehenden Pilger in dem für sie erbauten Pilgerhause aufzusuchen, mit ihnen religiöse Gespräche zu führen und sich ihre Reiseerlebnisse erzählen zu lassen. Einen besonderen Beweis seiner früh geweckten Geisteskräfte gab er nach den Berichten einmal bei Gelegenheit einer Leichenfeier. Es ist in Indien Sitte, zu einer solchen die Gelehrten der Umgebung einzuladen. Da kam das Gespräch einmal auf schwierige religiöse Fragen, über die die Anwesenden sich nicht zu einigen vermochten. Der Knabe hörte zu, trat vor und gab eine Lösung, über deren Treffsicherheit die Disputierenden höchlich erstaunt waren. – Man sieht, gewisse Berichte aus der Lebensgeschichte großer Geistesmenschen gleichen einander immer wieder und ich möchte hier keineswegs von historischen Abhängigkeiten, von einer gegenseitigen Beeinflussung reden. Auch nicht von einer Erfindung zum größeren Ruhme des Verherrlichten, denn es ist von vornherein anzunehmen, dass ein außergewöhnliches Leben schon in der Kindheit sich anspinnen und in seiner geistesgewaltigen Einstellung sich offenbaren wird.

Eines seltsamen Vorkommnisses aus jener Zeit muss besonders gedacht werden. An einem klaren Sommertage sah der Knabe Ramakrischna eine Schar weißer Kraniche durch die Luft fliegen. Der Anblick war für ihn so eigenartig entzückend, dass er in einen Zustand geriet, den man Trance nennen kann, nämlich wie der Wortsinn besagt, ein Hinübergleiten über die Grenzen des Leibesdaseins. Mehr lässt sich nicht sagen, da der Bereich der Sinneserfahrung verlassen ist und die Sprache dieser allein ja entstammt und auf sie zugeschnitten ist. Ganz nichtssagend aber dürfte es sein – dies sei gleich hier bemerkt – den Vorgang als „krankhaft" bezeichnen zu wollen. Es ist eine Kühnheit der materialistischen Weltanschauung und ein Zeichen ausbündiger Oberflächlichkeit, mit diesem Urteilsspruch alles abzulehnen, was in den Rahmen heutiger naturwissenschaftlicher Theorien nicht hineinpasst. Auf der nämlichen Erkenntnisebene aber befinden sich die heutigen Vertreter der Christenkirchen, zumal die protestantischer Herkunft. Sie tun sich Wunder wie viel zugute auf ihre Weitsichtigkeit und Aufgeklärtheit und sind dabei doch nur blinde Blindenführer, für die die feinste Lebensblume ihren Kelch noch nicht erschlossen hat.

Die sogenannten geistigen Erkrankungen bedeuten oft genug nichts anderes als eine Lockerung des Bandes zwischen Seele und Leib, wodurch gewisse Fähigkeiten frei werden und in Tätigkeit treten, die bis dahin durch die normale Leibesverfassung in ihrem Wirken behindert oder ganz und gar gefesselt waren. Will man diese Lockerung Krankheit nennen – so wie man die endgültige Lösung Tod nennt – so mag man es tun, jedoch unter dem Vorbehalt, damit nicht eine Minderwertigkeit an sich kennzeichnen zu wollen, sondern höchstens in Bezug auf die Geschäfte des gewohnten Daseins – und das ist dann unter Umständen vom gehobenen Standpunkt aus eine Höherwertigkeit.

Ramakrischna wuchs zum Jüngling heran und wollte die Gelehrtenlaufbahn einschlagen. Als Sohn eines Brahmanen war sie für ihn die gewiesene. Sein ältester Bruder – er hatte zwei Brüder und zwei Schwestern – war ein Gelehrter und hatte in Kalkutta eine eigene Schule. Nach alter Gepflogenheit, die heute noch in Indien in vielen Gegenden besteht, erhält der Lehrer für seinen Unterricht keine Zahlung, sondern versorgt seine Schüler noch mit Nahrung und Kleidung. Seinen Lebensunterhalt findet er durch Gaben, die ihm wohlhabende Leute bei allerlei Familienfestlichkeiten zukommen lassen. Mit sechzehn Jahren kam Ramakrischna zu seinem Bruder nach Kalkutta, nachdem sein Vater, den er bald darauf verlor, ihm die Brahmanenschnur, das Zeichen der Brahmanenwürde, umgetan hatte. Aber nicht lange war seines Bleibens in der Schule, sobald er Einblick gewonnen und erkannt hatte, wie der Erwerb von Gelehrsamkeit in der Hauptsache Name und Ehren, Wohlstand und Behagen vermitteln soll, wie die erhabensten Probleme und Gottesfragen oft entwürdigt werden zu Gelderwerb und Sinnengenuss. Freimütig sprach er sich seinem Bruder gegenüber aus und verließ die Schule für immer.

Um diese Zeit wurde in Dakschineswara, einige Meilen nördlich von Kalkutta, ein Tempel, einer der schönsten Indiens, der Göttin Kali geweiht. Die Erbauerin war eine Frau aus der niederen Kaste der Sudra, ihr Name Rani Rasmoni. Ramakrischnas Bruder wurde zum Priester des Tempels bestellt. Die Tempel in Indien sind nicht eigentlich – wie die europäischen Kirchen – Stätten des öffentlichen Gottesdienstes, sondern private Widmungen, durch die sich der Stifter ein heiliges Verdienst zu erwerben hofft. In ihnen wird das Bild einer Gottheit aufgestellt und diesem ein der katholischen Messe ähnlicher Kult gewidmet. Heilige Schriftstellen werden rezitiert, ein Licht wird hin- und her geschwungen, Weihrauch angezündet, allerlei Opfergaben u. dgl. werden dargebracht. Priester an einem solchen Tempel zu werden, verschafft kein sonderliches Ansehen: Der Tempelpriester ist Bediensteter, Angestellter reicher Leute, der durch die Funktionen, die er verrichtet, seinen Lebensunterhalt erwirbt. Einen öffentlichen, offiziellen Gottesdienst, wie bei uns, gibt es in Indien überhaupt nicht. Der Inder ist der religiöseste Mensch der Erde, also auch der innerlichste. Wohl gibt es große religiöse Feste, aber sie haben nicht den Charakter offizieller kirchlicher Gottesverehrung. Es haftet nicht der Charakter des Kirchenturms daran.

„Wenn du betest, so geh in dein Kämmerlein und schließe die Türe zu" – diese Weisung des Nazareners ist von ewiger Gültigkeit. Sie hegt ganz im Sinne Indischen Frommseins.

Am Tage der Einweihung des Tempels der Göttin Kali zu Dakschineswara ging nun auch Ramakrischna in Begleitung seines Bruders dahin. Er machte ihm herbe Vorwürfe, aber nicht aus den Erwägungen, wie ich sie eben dargestellt, sondern aus einem ganz anderen Grunde. Ramakrischna war damals noch so erfüllt von den strengen Regeln seiner Kaste, dass er es nicht gutzuheißen vermochte, dass sein Bruder den Dienst an einem Tempel übernahm, der erbaut war von einem Weibe aus niedriger Kaste. Darum war er auch nicht zu bewegen, etwas zu genießen bei dem Feste, bei dem fünfzehn- bis zwanzigtausend Menschen gastlich bewirtet wurden. Nachts kaufte er sich bei einem Krämer etwas gebackenen Reis und kehrte nach Kalkutta zurück. So fest hielt der Sechzehnjährige an Überzeugungen, die ihm damals noch heilig waren. Später dachte er ganz anders über das Kastenwesen und seine Vorurteile, um sich völlig davon loszusagen. Aber doch kehrte der Jüngling zu seinem Bruder zurück in den Tempel, getrieben von dem Keim heiliger Menschenliebe, der sich augenblicklich verkörperte in der Liebe zu seinem Bruder. Da blieb er nun unter der Bedingung, dass er seine Speise sich selbst zubereiten würde am Ufer des Ganges. Als nach etlichen Monaten sein Bruder erkrankte, übernahm er auf dessen dringende Bitten den Tempeldienst. Indien ist das Land, wo man, wie kaum sonstwo, ein lebendiges Verständnis hat für das mütterlich schaffende Moment der Gottheit. Der Westländer kann sich, wie es scheint, Gott nur als Mann vorstellen. Dieser gilt als das einzig schöpferisch tätige Prinzip, während das weibliche als bloß passiv hinnehmendes und daher untergeordnetes gewertet wird. Der lieblich innige Marienkult der katholischen Kirche hat diese Anschauung nicht beeinflussen können, und die Emanzipationsbestrebungen der westlichen Frauen sind bis in die neueste Zeit nicht genügend gewürdigt worden. Nach dem Alten Testament, dem Grundbuch des Neuen, ist dem Manne von Gott die Seele eingehaucht, das Weib erst aus einer Rippe des Mannes gebildet worden. Darum ist die Frau nach urjüdischer Auffassung seelen- und rechtlos. Und im Fortpflanzungsprozess der Generationen hat man lange rein physiologisch den Mann als den eigentlich fortpflanzenden angesehen, das Weib aber bloß als die Frucht vom Manne empfangend, um ihr in ihrem Leibe Nahrung und Wachstum zu gewähren.

Der Inder empfindet in der allschaffenden Natur das weibliche Moment. Das Weib erschafft den Mann. Was beide überhöht und früher ist als Mann und Weib – sonder Raum und Zeit und Zahl – das ist das ungestaltete, formlose Eine: Brahman. Wo aber Gestalt und Zeit beginnt, da ist das Weib. Sie ist die Urkraft alles Werdens und Geschehens in der Welt. Wie großartig weit und wahr schaut doch der Inder die Natur! Nicht mit dem unwahr sentimentalen Blick des westländischen Poeten und Naturschwärmers. Nicht nur das glutvoll Schaffende sieht er in ihr, sondern ebenso das machtvoll Zerstörende, tödlich Treffende, das in beständiger Geburt und immerwährendem Sterben sich rastlos Wandelnde. Er weiß, dass dieses Gegenspiel unvermeidlich ist in der Welt der Vielheit und Unterschiedenheit. Darum wird die Göttin Kali (mit andern Namen und zum Teil unter andern Darstellungen auch Durga, Uma, Bhairavi, Karala genannt) nach dieser düsteren Seite hin dargestellt mit dunklen Farben, schwarzblau, mit grauenhaften Zügen, entsprechend dem männlichen Gegenbild, ihrem Gatten Schiva, der am Ende der Tage das Weltall tanzend in Trümmer zerschlagen soll. Ein Kranz von Totenschädeln und Schlangen hängt um ihren Nacken, Krankheiten sendet sie unter die Menschen; Ströme Blutes, den Dämonen zur Mast, gehen von ihr aus, Freude und Lust, die sie geweckt, wandelt sie wieder in Leid und kummervolles Schweigen, keinerlei Reue bewegt ihr Gemüt, und nur den segnet sie, der zerschlagen zu ihren Füßen liegt. Voller Entsetzen ist der Kult ihres Anrufs. Sie muss auf einem Friedhof mitten in finsterer Nacht zitiert werden. Wer sie beschwören will, der muss auf einem Leichnam sitzend die wirksamen Zauberworte sprechen.

Ramakrischna erzählt von zwei Menschen, die einmal zusammen die bannenden Riten ausübten. Der eine verfiel schon in der ersten Hälfte der Nacht dem Wahnsinn, während der andere am Ausgang der Nacht mit dem Anblick der Göttin begnadet wurde. Auf seine Frage: „Mutter, warum wurde der andere mit Wahnsinn geschlagen?", erhält er die Antwort: „Auch du, mein Sohn, bist schon viele Male in Wahnsinn verfallen in früheren Geburten, jetzt darfst du mich schauen." – Das ist die Mutter – man kann in Indien auch von Mutterland statt von Vaterland reden hören – die Allkraft, aus deren Schoß alles Leben kommt, in deren Schoß alles Leben wiederkehrt. Zeugung durch Zerstörnis, Lebensgewinn aus dem Tode, Freude und Qual, Frohsinn und Wahnsinn, Entzücken und Entsetzen in beständigem Wechsel, immerdar wandelnd das Antlitz von Himmel und Erde.

Dem Dienste dieser über alles großen Gottheit hat nun Ramakrischna, der Sechzehnjährige, sich gewidmet mit der ganzen Glut seiner Seele. Im Bilde der Göttin Kali wurde sie verehrt im neuerrichteten Tempel zu Dakschineswara. Ramakrischna ist es, der die Idee der Mutterschaft Gottes in einer bisher nicht dagewesenen Weise aufs wirkungsvollste und konsequenteste betonte. Er hat diese Idee in den Mittelpunkt religiösen Vorstellungs- und Gefühlslebens aufgenommen und dadurch ein Wesentliches bewirkt zur Hebung der Frau in Indien. Aber zunächst wurde der junge Priester von jener unendlichen Sehnsucht nach Wahrheit ergriffen, die sich nimmer zufrieden gibt, bis dass sie geschaut wurde. Vor dem Bilde der Göttin saß er viele Stunden lang, nachdem er den vorgeschriebenen Gottesdienst vollbracht; da sang er heilige Hymnen, da betete er inbrünstig, bis seine Sinne sich ganz der Außenwelt verschlossen hatten. Bebenden Herzens bewegte er immer und immer wieder die Frage aller Fragen nach dem Sinn der Welt, die sich seinem jugendlichen Grübeln verdichtete zu der nächstliegenden: Was birgt sich hinter diesem Götterbild? Wovon ist es Ausdruck? Ist es vielleicht nichts anderes als Phantasiewerk dessen, der es gemacht hat, oder ist es mehr, weit mehr: Sinnenfällige Form einer unendlichen Wesenheit, die in gesegneten Augenblicken sich dem Menschen offenbart? Wann wird mir zuteil solch ein Augenblick? – Solches Suchen und Fragen in seinem Endziel dürfen wir uns nicht nach Europäerweise denken. Nicht eine Theorie, eine Lehre, eine möglichst befriedigende Hypothese vielleicht gar, gilt es zu finden, nicht verstandesmäßiges Wägen, Schließen, Kalkulieren soll es besagen, sondern wahrhaftiges Erleben, Ergreifen, Haben, ja Sein der Wahrheit. Darum ist es auch wesentlich Sache des Suchenden selbst: Er selber muss erfahren, erleben; niemand kann es für ihn.

Jede echte Religion ist ein Erleben des Göttlichen: Nicht ein Glauben an Gott, nicht ein Fürwahrhalten gewisser Lehrsätze über ihn, sie mögen noch so alt und ehrwürdig sein, sondern ein Haben, ja ein Sein Gottes – das ist das Anliegen eines wahrhaft Frommen. Ein Gott-Haben, das den ganzen Menschen erfüllt, alle Kräfte seiner Seele, alle verborgenen Fähigkeiten seines Daseins lebendig macht, so dass er die Gottheit sieht, hört, fühlt, mit ihr redet. Jede Faser, jede Zelle seines Leibes ist dann gewissermaßen voll von ihr: Er ist eins mit Gott. Die englische Sprache hat dafür ein treffendes Wort: *Realisation:* Die Verwirklichung Gottes! Wer diese erreicht hat, vermag allen anderen unendlich viel zu sein, ein Segen der Menschheit, ein Quell überirdischer Kräfte, und zwar durch sein bloßes Dasein – er braucht nichts zu sagen, äußerlich nichts zu tun, damit andere an ihm erstarken und dann ihrerseits erleben, was eben jeder nur allein erleben kann. Indien ist voll dieser Wahrheit, lebt geistig in ihr und von ihr.

„O Mutter, Mutter, wo bist du, offenbare dich mir, deinem hilflosen Kinde, nur ein einziges Mal!", so pflegte der junge Tempelpriester Ramakrischna in drängendem Sehnen die Göttin anzurufen. So völlig war er schließlich ergriffen von seinem brennenden Anliegen, dass er den Tempeldienst nicht mehr recht zu verrichten imstande war. Bald vergaß er dies, bald jenes: Das Licht zu schwingen, dem Bilde Opferspeise vorzulegen, es mit Blumen zu schmücken usw. Oft geriet er in tiefen und lang andauernden Trance. Als er die in altheiligen Schriften gegebene Anweisung befolgte, der Betende solle eine Blume übers Haupt halten und sich selbst als den Gott oder die Göttin denken, zu denen er betet, da geriet er in eben diesen Zustand und verblieb darin mehrere Stunden. Bisweilen ging er darin seiner Person so verlustig, dass er die der Göttin darzubringenden Opfer sich selbst zueignete oder mit den für sie bestimmten Blumen sich selber schmückte. Und so mächtig war der Vorgang des göttlichen Ergriffenseins in seinem tiefsten Ich, dass bisweilen eine förmliche Transfiguration sich an ihm vollzog, dass er sich z. B. verwandelte in die Gestalt des Gottes Schiva. Und nicht nur äußerlich schien er ein anderes Wesen zu sein, sondern er sprach in solchen Stunden auch von sich selbst als einem Allmächtigen und Allwissenden, als einer göttlichen Inkarnation.

Es ist übrigens hier zu erinnern, dass nach altindischer Weisheitslehre keine unüberschreitbare Kluft besteht zwischen Gott und Mensch; ein Mensch kann in aufeinanderfolgenden Geburten ein Gott werden, und umgekehrt. Dasselbe gilt nach unten hin bezüglich des Verhältnisses von Mensch und Tier. Man muss sich hier wiederum, wie in so viel andern Dingen, frei machen von Begriffen, die uns altvertraut und geläufig sind, deswegen aber noch lange nicht die größere Tiefe und Wohlbegründetheit für sich in Anspruch nehmen dürfen.

Als der Schwiegersohn der Erbauerin des Tempels einmal Zeuge einer solchen Wandlung des jungen Priesters war, da tadelte er ihn nicht mehr ob seiner Pflichtversäumnis, wie er es vordem wohl getan, sondern redete ihn fortan nur noch mit „Vater" an: Er sah in ihm eine Inkarnation der Gottheit. Also wurde Ramakrischna vom Tempeldienst befreit und dieser einem Verwandten übertragen. Er selbst zog sich zurück in einen nahen Wald. Und nun begannen für ihn zwölf Jahre der unerhörtesten Askese, während deren kein erquickender Schlaf über seine Augen kam. Zu seinem Schüler Vivekananda äußert er sich über diese Zeit, er habe nicht mehr gewusst, wann die Sonne auf- und wann sie unterginge, er habe das Bewusstsein seiner selbst fast ganz verloren. War ein Tag verronnen, erklangen von ferne die Tempelglocken und der Gesang der Pilger, da wurde er verzweifelt traurig und rief: „Ein Tag ist vergebens dahin, O Mutter, du bist nicht gekommen. Ein Tag dieser kurzen Lebensfrist ist vergangen und ich habe die Wahrheit nicht geschaut."

Oft bohrte er schluchzend sein Gesicht in den Erdboden. Seinem Schüler erklärte er später einmal: „Mein Sohn, stelle dir vor, in einem Raume befinde sich ein Sack mit Gold, und in dem benachbarten Raume wäre ein Räuber. Glaubst du, dass dieser schlafen könnte? Sicher nicht. Immerfort müsste er daran denken, wie er doch in jenen Raum gelangen und das Gold sich aneignen könnte. Meinst du nun, dass ein Mensch, der fest überzeugt ist von einer Wirklichkeit hinter den Erscheinungen, von einem Gott, von einem, der niemals stirbt, von einem, der der unendliche Inbegriff aller Seligkeit ist, einer Seligkeit, mit der verglichen die Sinnenfreuden eitel Spielzeug sind, meinst du, dass ein solcher Mensch sich zufrieden geben kann, ohne nach diesem Einen zu ringen? Ist ein solcher Mensch imstande, auch nur für einen Augenblick seine Anstrengungen zu unterlassen? Keineswegs! Toll wird er vor Sehnsucht werden."

Tatsächlich auch wurde Ramakrischna für wahnsinnig gehalten. Mitleidige und Neugierige kamen zu ihm und suchten ihn zu trösten. Man brachte ihn zu den tüchtigsten Ärzten nach Kalkutta, jedoch ohne Erfolg. Aber ein Arzt in Dacca meinte, dieser junge Brahmane sei ein großer Yogi und Medizinen und Kuren wären hier nicht am Platze. Und Vivekananda hat sicherlich recht, wenn er diese Art „Wahnsinn" als die Quelle anspricht, aus der die Kräfte kommen, die die Welt je und je bewegt haben und in Zukunft bewegen werden, und wenn er die von diesem Wahnsinn Befallenen als das Salz der Erde begrüßt.

„Ein Orkan war über mich hingegangen, alles vor sich wegfegend", sagt Ramakrischna in Erinnerung an jene Tage stürmischen Suchens und entschiedenen Sichwegwendens von den Nichtigkeiten der Welt.

Allmählich, ganz allmählich, entfaltete sich sein innerstes Selbst, taten sich vor ihm sachte auf die geheimnisvollen Abgründe des Göttlichen. Eine erste Erfüllung trat ein. Wunderbare Gesichte wurden ihm, der innere Sinn erwachte.

Als eines Tages sein seelisches Leiden aufs höchste gestiegen war und er sogar daran dachte, diesem Dasein ein Ende zu machen – welcher große oder auch nur tiefangelegte Mensch kennt nicht solche Augenblicke, da er am individuellen Menschsein krankt und verzweifeln möchte! – da verlor er das Bewusstsein der Außenwelt gänzlich und schaute seine Mutter Kali. Die Visionen kamen öfter und brachten ihm eine erste Ruhe. Aber volles Genügen konnte ihm daraus noch nicht werden; dazu war er geistig zu groß.

Kamen ihm Zweifel an der Echtheit seiner Schauungen, so pflegte er ein seltsames Mittel anzuwenden, um sich Gewissheit zu verschaffen. Das Eintreffen eines ganz bestimmten Geschehnisses zu einer ganz bestimmten Stunde, am bestimmten Ort, sollte ihm Kennzeichen sein und Gewähr geben. So sagte er sich einmal: „Die Gesichte würden mich überzeugen, und ich wäre sicher, dass sie nicht einem kranken Hirn entspringen, wenn die beiden jungen Töchter der Rani Rasmoni, die noch niemals den Tempel besucht haben, heute Nachmittag zu dem großen Feigenbaum dort kommen und mich," den ihnen ganz Fremden, „anreden."

Siehe da, um die gedachte Zeit, standen die beiden Mädchen unter dem Baum und redeten Ramakrischna an. Nie noch hatten diese vornehmen Mädchen einen öffentlichen Ort besucht, aber an diesem Tage hatten sie ein starkes Verlangen, den Tempel zu sehen, und die Erlaubnis hiezu von ihrer Mutter erhalten.

Derartige Erlebnisse hatte er nicht wenige. Und wenn er dann wieder in tiefer Depression zu seiner göttlichen Mutter rief: „O Mutter, Mutter, ist dies das Ende meiner Treue und meines Rufens zu dir?", da konnte er eine sanfte Stimme vernehmen und ein liebevoll lächelndes Antlitz sehen, das zu ihm sprach: „Mein Sohn, wie kannst du hoffen, die höchste Wahrheit zu finden, wenn du nicht ganz aufgibst die Liebe zu deinem Leib und deinem kleinen Ich?"

„Da überflutete", so erzählt er selbst, „ein Strom geistigen Lichts meine Seele. Und ich pflegte zu antworten: „Mutter, nichts vermag ich zu lernen von den irrenden Menschen; von dir allein will ich lernen", und die gleiche Stimme pflegte dann zu sagen: „Ja, mein Sohn."

Und dann gab der jugendliche Asket jedwede Pflege seines Körpers, jegliche Sorge um ihn auf. Sein Haar wuchs in langen Strähnen, die sich ineinander verfilzten. Sein Verwandter musste sich seiner annehmen und ihn füttern wie ein kleines Kind. Mechanisch schluckte er die Bissen hinunter. Mitunter ging er in das Gemach der Bediensteten und Kehrer, um es mit eigenen Händen zu reinigen, und betete: „Mutter, zerstöre in mir alle Gedanken, dass ich groß und ein Brahmane sei und dass jene niedrig und Parias sind, denn wer sind sie denn, als du selbst in mannigfacher Gestalt!"

„Um diese Zeit", so berichtet Ramakrischna weiter, „hatte ich ein brennendes Gefühl am ganzen Körper. So unerträglich, dass ich den ganzen Tag im Ganges stand, bis zu den Schultern im Wasser und mit einem nassen Tuch auf dem Kopf. Da kam eine Brahmanin und heilte mich in drei Tagen.

Sie bestrich meinen Leib mit einer Sandelholzsalbe und legte Blumengewinde um meinen Nacken; da schwand das Leiden in drei Tagen."

Mit dieser Frau hatte es eine seltsame Bewandtnis. Sie war von hoher Gestalt und voller Anmut, hatte eine liebliche Stimme und war über alle Maßen gelehrt in den heiligen Schriften; sie konnte mit den größten Gelehrten disputieren, wobei sie alle Zitate ihrem Gedächtnis entnahm. Sie war eine Sannjasini. Sannjasin (weiblich Sannjasini) bedeutet wörtlich einen, der alles von sich getan hat, was ihn ans Weltleben fesselte, einen, der frei ist von allem Begehren und Wünschen. Sie war also eine Asketin, die ihres Besitztums sich entäußert und alles aufgegeben hatte, was den Weltmenschen das Leben lieb macht. Herrliche Kräfte hatte sie erlangt, und wanderte in ganz Indien umher im roten Gewand der Asketen, um die Gebrechen der Seele und des Leibes zu heilen. Niemand kannte ihre Herkunft und ihren Namen. Das Merkwürdigste aber war, dass Ramakrischna von seiner göttlichen Mutter Kali bereits unterrichtet war über das Kommen dieser wunderbaren Frau. Sie erkannten einander sofort; sie sagte ihm, wie sie ihn lange gesucht habe, um ihn endlich zu finden. Sie blieb bei ihm einige Jahre. Nun hatte er jemand, der ihn verstand. Sie belehrte ihn aus den Schriften, dass seine körperlichen Leiden notwendig verknüpft seien mit dem brennenden Gottsuchen.

„Mein Sohn," sprach sie, „gesegnet der Mensch, der von solchem Wahnsinn befallen wird. Die ganze Welt ist ja toll; die einen nach Reichtum, die andern nach Vergnügungen, wieder andere nach Ruhm, andere nach hundert andern Dingen. Gesegnet der Mensch, der da toll ist nach Gott. Solcher gibt es gar wenige."

Dasselbe quälende Körpergefühl habe Radha, Krischnas Geliebte, gehabt und dann wieder Chaitanja, ein berühmter Reformator des 16. Jahrhunderts, und beiden ist geholfen worden mit Sandelholzsalbe und mit Kränzen aus duftenden Blumen. Als Ramakrischna ein andermal von unersättlicher Esslust geplagt wurde, wies sie ihm nach, dass solches auch andern Asketen, darunter Chaitanya, begegnet war. Sie ließ alle möglichen Gerichte um ihn herumstellen bei Tag und Nacht. Durch den beständigen Anblick der vielen Speisen wurde er nach einigen Tagen von dieser Gier geheilt.

Diese Sannyasini lehrte Ramakrischna die verschiedenen Arten des Joga. Joga bedeutet dem Worte nach soviel wie Anschirrung, Anspannung, Konzentration, Sammlung der Seelenkräfte. Das Wort ist schwer zu übersetzen und mit einem einzigen Ausdruck kaum wiederzugeben. Jogalehre und Jogapraxis nehmen eine ganz hervorragende, ja eine zentrale Stelle im indischen Religionswesen und bis zu einem gewissen Grade in der gesamten Lebenshaltung und -führung des Inders ein. Sie macht ihn zu dem besinnlichen, nach innen gekehrten Menschen, der er vor allen andern Nationen ist. Sie macht ihn zu dem seelenhaften Geistwesen, das den Sinn des Menschseins offenbart und den Suchenden finden lehrt, was über die Schranken des Vegetativen und Tierischen hinweghebt. Sie macht ihn fürwahr zum Licht der Welt, zum Salz der Erde! Mannigfaltig sind die Wege und Mittel des Joga. Einsamkeit und geschlechtliche Abstinenz, Beschränkung der Nahrung aufs allernotwendigste, Vermeidung von Fleischgenuss, allem Berauschenden und Gewürzten; gewisse schwierige Körperhaltungen mit untergeschlagenen Beinen; vor allem aber gewisse Atemübungen, wobei das möglichst lange Anhalten des Atems die wichtigste ist. Als Beispiel nur folgende Methode des Atem-Joga, und zwar die am häufigsten geübte: Den Hals zusammendrückend, lege man das Kinn fest auf die Herzgegend, wodurch der Atem möglichst ganz zum Stillstand gebracht werden soll (Gefährlich! Der Herausgeber). Ich erinnere an die gleiche Technik der christlichen Mönche des griechischen Athosgebirges – man redete von Nabelbeschauung; wem es glückte, der schaute das „unerschaffene Licht der Gottheit", das den Herrn umstrahlt haben soll auf dem Berge Tabor. Eine andere sehr gebräuchliche Art der Jogapraxis sucht die durch allerhand langwierige und nicht schmerzlose Manipulationen verlängerte Zunge in die Nasenrachenhöhle zu bringen und dabei den Blick auf die Stelle zwischen die Augenbrauen (als Sitz des Bewusstseins) zu heften (Sehr fragwürdig! Hrsg.). Eine andere Weise der Jogaübungen, scheinbar ganz verschieden von der eben erwähnten, tatsächlich jedoch wesentlich mit ihr eins, denn immer kommt es auf die möglichst vollendete Konzentration an, besteht in der unermüdlichen Wiederholung bestimmter Silben, Worte, kurzer Sätze, oder es wird irgendein Gegenstand, beziehungsweise dessen Vorstellung, zum ausschließlichen Objekt der Betrachtung genommen, bis zuletzt – wie mir ein Kenner versichert – jeder Nerv, jede Körperzelle die nämliche Silbe, den nämlichen Satz mitspricht, mitschreit und der Betrachtende eins wird mit dem betrachteten Gegenstand. Wie schwierig solche Konzentrationsübungen sind, kann jeder leicht erfahren, indem er versucht, auch nur eine oder zwei Minuten lang mit den Augen einen bestimmten Punkt an der Wand zu fixieren, ohne ein einziges Mal mit der Wimper zu zucken oder auf nächstbenachbarte Punkte, wenn auch noch so flüchtig, abzuschweifen. Und ist das gelungen, so können allerlei Vorstellungen aus dem Unterbewusstsein auftauchen und andere mit sich bringen.

„Die Seele ist zerstreut nach verschiedenen Richtungen hin, ein Teil ist nach Dacca gegangen, einer nach Delhi, einer nach Coochbehar. Alle diese Teile müssen aufgelesen und gesammelt werden an einem Ort", sagt Ramakrischna einmal im Bilde.

Und: „Brauchst du ein Stück Tuch, so musst du dem Händler den vollen Preis bezahlen. Joga ist aber bei der geringsten Zerstreuung unmöglich. Ist im Telegrafennetz die kleinste Lücke entstanden, so können keinerlei Nachrichten übermittelt werden."

Wer die strengen Forderungen des Joga erfüllt, wird ein Sannjasin oder Jogin. („Fakir" bedeutet dasselbe in der mohammedanischen Welt.) Er wird überschwenglicher Erlebnisse, wundersamer Fähigkeiten teilhaftig. Von der höchsten Stufe des Joga, dem Samadhi, schreibt eines der Bücher, das den Joga lehrt: „Wer mit halbgeöffneten Augen, unbeweglichem Geist und auf die Nasenspitze gerichteten Augen durch vollkommene Ruhe dem Atem zur Vernichtung bringt, der gelangt zur leuchtenden, einzigen Ursache, zur vollständigen, strahlenden, höchsten Wahrheit, zum Orte des Brahman, zur höchsten Wirklichkeit" und schließt mit den Worten: „Von allen Zuständen befreit, von allen Gedanken verlassen, ist der Jogin gleich einem Toten, aber erlöst. Der Jogin, der Samadhi erreicht hat, wird vom Tode nicht verzehrt, vom Karma nicht gequält und von keinem andern erreicht. Der Jogin, der Samadhi erreicht hat, kennt weder Geruch, noch Geschmack, noch Farbe, noch Tastgefühl, noch Laut, noch sich selbst, noch einen andern. Sein Geist schläft nicht, auch wacht er nicht, ist von Erinnerung und Vergessen befreit, er geht nicht zugrunde, auch entsteht er nicht; wer das erreicht hat, der ist erlöst. Der Jogin, der Samadhi erreicht hat, kennt weder Kälte noch Wärme, weder Glück noch Unglück, weder Ehre noch Verachtung. Wer gesund und im wachen Zustand gleich einem Schlafenden verweilt und weder ein- noch ausatmet, der ist sicher erlöst. Der Jogin, der Samadhi erreicht hat, ist unverletzlich für alle Waffen, von Sterblichen nicht zu überwältigen, unangreifbar für Zauberei."

Wer den Jogapfad beharrlich geht, der wird begabt mit unerhörten Kräften. Er vermag zu hören und zu sehen in räumliche und zeitliche Fernen, er erinnert sich seiner früheren Existenzen, er ist imstande, seinen Leib zu verlassen, andere Leiber in Besitz zu nehmen, an fernen Orten zu erscheinen, oder in erdfremden Welten zu verkehren. Was er wünscht und lebendig imaginiert, das wird Wirklichkeit. Er ist unumschränkter Herr der physischen **4 Elemente**: Er kann seine Lebensjahre nach Belieben verlängern, er kann sich winzig klein und wiederum riesengroß machen, leicht wie eine Wollfaser, so dass er in der Luft dahinzuschweben vermag, oder unnatürlich schwer. Schmerzen haben über ihn keine Gewalt und Wunden seines Leibes heilen in kürzester Frist; z. B. bei gewissen Lamapriestern des östlichen Tibet. So frei wird er von allen Schranken, so sehr eins mit der geistigen Ur- und Allkraft, dass die Materie ihm völlig Untertan ist, dass ihre Gesetze ganz in seiner Hand liegen. Solche Fähigkeiten bilden im Indertum, ja im ganzen Orient, ein äußerst wichtiges Moment, sie sind schlechterdings nicht auszuschalten oder wegzudenken aus dem Zusammenhang religiöser Lebens- und Welterfahrung des Inders und aller derjenigen, die die Wahrheit schauen gelernt haben in seinem Geiste. Wer dieses Moment nicht sieht, oder es nicht beachten zu müssen glaubt, der versteht indisches Wesen in seiner grundfassenden allvermögenden Geistigkeit nicht.

Wer von der Macht des Geistes überzeugt ist, von seiner Urgewalt und Schöpferkraft, der muss die Möglichkeit einer vollen Beherrschung des Stofflichen von vornherein bejahen. Gibt es denn überhaupt und im gehobenen Sinn des Wortes „Sein" noch etwas neben und außer dem Geist? Sind Materie und ihre Gesetze nicht erst des Geistes Schöpfung? Nicht zwar Schöpfung des in seiner Individualität begrenzten Geistes, wohl aber des höchsten allumfassenden Geistes, von dem der einzelne nur Erscheinung, enge Verkörperung ist. Der Starke nun, der sich hinwegzuheben vermag für Augenblicke über seine Vereinzelung, der sich zu konzentrieren fähig ist, der seinem inneren Sein eine neue Verfassung zu geben imstande ist, völlig vereinheitlicht im Geist, der kann alles vollbringen, auch das Wunderbarste, Größte, Seltsamste – er kann wahrhaftig Berge versetzen lediglich kraft des schaffenden Wollens. Vor allem wird er Herr, unumschränkt, über seinen eigenen Leib; denn dieser ist des Geistes erste Schöpfung, Grundmaterie, von ihm gemacht, sein Formgebild.

Der Jogin übt Konzentration in einem uns bisher unerreichten Grade; warum soll er dann nicht ganz nahe kommen den unerhörten Fähigkeiten und Kräften, von denen er redet? Wir werden gründlich umlernen müssen, die wir uns so viel zugute tun auf unsere europäische Kultur mit ihrer naturwissenschaftlich-materialistischen Weltanschauung, in der aller Rätsel Lösung gegeben sein soll. Telepathie, Hellsehen, die Wunder des

Mediumismus, sie sollten doch nachgerade auch uns die Augen öffnen für Möglichkeiten, die bislang außerhalb unseres Gesichtskreises lagen und noch immer der großen Menge Gebildeter und Gelehrter gänzlich absurd erscheinen wollen. Wir werden uns besinnen müssen, ob wir fernerhin in gewohnter Überhebung die Normen festsetzen dürfen für Wirklich und Nichtwirklich, oder gar für Möglich und Unmöglich.

Auch Ramakrischna gelangte durch seine Jogaübungen zu hohem, wunderbarem Können. So konnte er Gedanken lesen, in die Zukunft sehen und wahrnehmen, was an fernen Orten vor sich ging. Er hatte die Gabe, auf weite Entfernungen hin durch den bloßen Willen zu heilen. Durch einfache Berührung vermochte er Gedanken und Gesinnung der ihn Besuchenden zu wandeln. Ihr Seelenleben bekam eine andere Richtung. Fleischlich Gesinnte wurden geistig orientiert. Geizige wurden geheilt von ihrer Liebe zum Gelde. Manche, die er anrührte, verfielen sogleich in den Zustand des Samadhi, darin sie göttliche Dinge schauten.

Einmal kam eine Frau zu ihm aus vornehmer Familie, Mutter mehrerer Kinder, aber noch jung und schön. Ramakrischna erkannte sofort ihre geistig-sublime Art, hieß seine Schüler Räucherwerk anzünden, legte ihr Blumen zu Füßen und redete sie „Mutter" an. Und sie, die vorher niemals Samadhi erfahren hatte und der Ramakrischna fremd war, fiel in tiefe Verzückung, die Hände wie zum Segnen erhoben. Sie blieb in diesem Zustand mehrere Stunden, so dass Ramakrischna schon besorgt war, ihr Gatte könnte ihn der schwarzen Magie beschuldigen. Er betete zu Kali, sie möchte jene wieder zu sich bringen. Als sie erwachte, war sie wie trunken und musste in ihren Wagen gehoben werden. – Wenn Professor Max Müller (Oxford) in diesem und ähnlichen Fällen von „offenbarer Hypnose" redet, so braucht man dem nicht schlechthin zu widersprechen, aber immer wird man sich klar bleiben müssen, dass mit solcher Namensgebung bloß eine Katalogisierung, eine Einreihung gewisser Erscheinungen in eine größere Gruppe gemeint sein kann, dass diese Gruppe selbst aber damit noch in keiner Weise erklärt ist, ja dass sie ohne ein Hinübergreifen ins Seelisch-Transzendente keineswegs ausreichend gekennzeichnet werden kann.

Doch hier ist es notwendig, einen Irrtum abzuweisen, dem Europäer hinsichtlich der Jogins zumeist verfallen. Es ergibt ein falsches Bild, ein Zerrbild des wirklichen Tatbestandes, wenn man annimmt, die Ausübung oder auch nur Erlernung jener seltsamen Kräfte sei die letzte und höchste Obliegenheit eines echten Jogin. Wohl sind jene Gaben eine notwendige Folge und Begleiterscheinung heißen spirituellen Mühens, ein Beweis, dass das hohe Geistesziel nahe ist, aber die also Begnadeten sind weit entfernt zu glauben, die Ausübung solcher Fähigkeiten oder gar ihre Zurschaustellung sei nun die gebotene Aufgabe. Nein, der echte Jogin empfindet solches Tun vielmehr als Hindernis auf dem Wege zur Vollendung. Hat nicht auch der Prophet von Nazareth es entschieden abgelehnt, sein Tun und Sein zu erschöpfen in wunderbaren Heilungen und sonstigen Wundertaten! Er verbietet sogar den also Geheilten, es weiterzusagen und eine große Sache daraus zu machen. Man lasse sich nicht täuschen durch das Gebaren der die Länder bereisenden sogenannten Fakire und Jogins, die sich für Geld sehen lassen. Nicht als ob ich etwa ihre Darbietungen von vornherein für eitel Trug und suggestive Täuschung erklären möchte – obwohl dies oft genug im Spiele sein mag – aber sie haben die Höhe nicht erreicht, sind auf halbem Wege stehen geblieben und dürfen nicht als Repräsentanten indischer Geistesgröße und uralter Weisheit hingenommen werden. Wird doch auch kein Einsichtiger den Feingehalt eines Volkes beurteilen nach den Handlungsreisenden, die von dort zu ihm kommen, um Geschäfte zu machen, unbeschadet aller Respektabilität solcher Personen.

Als Ramakrischna in einer Unterredung gefragt wurde, ob ein Kundiger wohl imstande wäre, den feinstofflichen Leib (sukschma scharira), der jedem Lebewesen außer dem grobstofflichen Leib eignen soll, sichtbar zu machen, ob er jenen feinen Leib etwa als Doppelgänger auszusenden vermöchte, um an anderem Orte zu erscheinen, da antwortete Ramakrischna: „Ein wahrhaft Heiliger wird nicht daran denken, solches zur Schau zu stellen. Er bekümmert sich nicht im Geringsten darum, ob etliche Toren ihn bewundern oder nicht. Er wird niemals wünschen, die große Menge um sich zu sammeln. Bei unseren modernen europäischen Pseudopropheten scheint das ja anders zu sein!"

Und als ein jugendlicher Schüler es so weit gebracht hatte, dass er die Gedanken anderer lesen konnte, und dem Meister freudig davon Mitteilung machte, da wies ihn dieser zurecht mit den Worten: „Schäme dich, Kind, deine Kräfte zu verschwenden an so geringfügige Dinge."

Er erzählt eine köstliche Geschichte, wie ein Mensch nach vierzehnjähriger harter Askese im einsamen Wald schließlich die Gabe übers Wasser zu wandeln erhalten hatte. Hocherfreut darüber kam er zu seinem Führer und erzählte ihm von seiner Großtat. Da antwortete dieser: „Mein armer Junge, was du nach vierzehnjährigem heißen Bemühen vollbracht hast, das leisten die gewöhnlichen Menschen, indem sie einem Bootsmann einen Groschen zahlen."

Und ein andermal mahnt er, man solle Wundertäter nicht aufsuchen. „Sie weichen ab von dem Pfade der Wahrheit. Ihre Seele hat sich verfangen in dem Netz der lockenden psychischen Kräfte, das auf dem Pilgerwege zu Brahman liegt. Hüte dich vor diesen Kräften und trage nicht Begehr nach ihnen."

Dem echten Jogin kommt es allein darauf an: Eins zu werden mit dem höchsten Selbst, das individuelle Ich zu lassen, um ganz sich zu finden im All-Einen, Zweitlosen.

Indes ist hier eines Vorfalls und der daran knüpfenden Belehrung aus der Zeit der eifrigen Jogaübungen Ramakrischnas zu gedenken. Einmal nachts wurde er erschreckt durch etwas geronnenes Blut, das aus seinem Munde kam. Er sah darin die Auswirkung eines an ihm verübten Zaubers. Sein Vetter nämlich, der damals den Tempeldienst führte, war von ihm kurz vorher wegen gewisser Fehler getadelt worden. Dieser Vetter hatte, gleich dem Vater unseres Propheten, die Gabe des Wortzaubers; was immer er andern anwünschte, das trat ein. Nun hatte er im Ärger über die Zurechtweisung Ramakrischna gesagt, es solle Blut aus seinem Munde kommen. Und dieser meinte nun mit Sorge die schädigende Wirkung des Wortzaubers an sich zu erfahren. Jedoch ein Jogin versicherte ihm, es sei sehr gut, dass auf diese Weise das Blut herausgetreten sei. Er erklärte ihm, wenn ein Mensch zur höchsten Stufe des Joga gelangt sei, so ströme Blut in sein Gehirn, er versinke in Samadhi und werde eins mit dem höchsten Wesen und kehre nicht wieder zurück, um den Menschen Kunde zu geben von seinem Erlebnis. Nur ganz wenige kehrten wieder, um nach der Gottheit Willen Führer und Propheten der Menschheit zu werden. In solchem Falle ströme das Blut nach dem Gehirn, Samadhi werde erreicht, danach sucht sich das Blut einen Ausweg und gibt den Begnadeten der Welt zurück. Er, Ramakrischna, sei solch ein Auserlesener.

Weitere Erkenntnisse wurden ihm zuteil. Ein Sannyasin, namens Totapuri, ein Philosoph des Wedanta, kam zu ihm. Ein Mann von hohem und kräftigem Wuchs und mit außerordentlichen Fähigkeiten begabt. Ihm war dieser Welt Dasein bloßer Schein. Völlig unbekleidet zog er umher, lehrend und unterweisend diejenigen, die zu gleicher Vollkommenheit gelangen wollten. Niemals begab er sich unter ein schützendes Dach ungeachtet jeglicher Unbill der Witterung; nie blieb er länger als drei Tage an einem Ort; von niemand nahm er Geschenke an. Da er in Ramakrischna sogleich den großen Jogi erkannte, fragte er ihn, ob er ihn den Weg zur vollkommenen Freiheit führen solle. Ramakrischna befragte seine Mutter, die Göttin Kali, kam bald aus dem Tempel wieder mit der Zusage und legte das Gelöbnis ab. In drei Tagen schon hatte er den äußersten Grad von Samadhi erreicht. In ihm ist jeder Unterschied von Ich und Du, von Subjekt und Objekt, von Schauendem und Geschautem restlos aufgehoben. Die Identität mit Brahman, dem höchsten Selbst, ist vollzogen.

Ramakrischna selbst beschreibt die vier Stufen, die im Samadhi endigen, so: „Auf der ersten sieht der Asket ab und zu ein göttliches Licht rings um ihn her. Nicht mehr hängt sein Gemüt den Dingen dieser Welt an. Auf der zweiten will er nur noch sprechen und hören von Gott und meidet die Orte, wo von andern Dingen geredet wird. Der Zustand des Nichtwissens ist fast überwunden. Auf der dritten sieht er ohne Unterlass Gottes Herrlichkeit. Doch immer noch ist da ein Rest von Unwissenheit. In der Fülle des beseligenden Schauens versucht er zu greifen und zu halten, aber es gelingt ihm nicht, gleich dem Insekt, das dem Lichte einer Laterne immer und immer zustrebt, aber gehindert wird durch das Glas des Nichtwissens. Die letzte Stufe endlich ist Samadhi, der Zustand des Gestaltlosen. Hier ist das Unwissen völlig überwunden und das unmittelbare Gottwissen ist erreicht. Ohne Bewusstsein ist man in diesem Zustand und wer darin einundzwanzig Tage verharrt, der wird des Leibes ledig."

Der Lehrer war aufs höchste erstaunt über diesen so unerhört raschen Erfolg seines Schülers und sagte zu ihm: „Mein Sohn, was ich in vierzig Jahren harter Mühe erreicht habe, das ist dir in drei Tagen geworden. Nicht darf ich dich fortan Schüler heißen, ich will dich meinen Freund nennen."

Wie der einstige Lehrer von seinem so fortgeschrittenen Schüler und nunmehrigen Freund während der elf Monate des Zusammenseins mit ihm gefördert wurde, besagt folgende Geschichte. Der Sannyasin unterhielt beständig ein Feuer, das ihm sehr heilig war. Eines Tages, als er im Gespräch mit Ramakrischna an diesem Feuer saß, kam ein Mann und zündete sich seine Pfeife daran an. Der Sannyasin war entrüstet über diese Entweihung seines heiligen Feuers. Doch sein Freund wies ihn sanft zurecht: „Erkennst du so in allen Dingen Brahman? Ist nicht der Mensch ebenso gut Brahman als das Feuer? Was ist hoch und was ist niedrig in den Augen des Wissenden?"

Totapuri war betroffen und erwiderte: „Ja Bruder, du hast recht. Von dieser Stunde an sollst du mich nie wieder zornig finden." Er hielt Wort. Als Totapuri wieder gegangen war, hatte Ramakrischna den Wunsch, für immer auf jener höchsten Stufe der Verzückung zu bleiben. Er geriet in Samadhi für lange Zeit und sprach sich darüber später so aus:

„Ich war sechs Monate in dem Zustand vollkommener Einheit, der von Menschen nur selten erreicht wird; und erreicht ihn einer, dann vermag er nicht mehr zum individuellen Bewusstsein zurückzukehren. Leib und Seele sind nicht imstande, solches zu ertragen. Doch mein Leib ist erbaut aus reinen Elementen und daher fähig, das Äußerste zu tragen. Gleichwohl wäre ich aus Mangel an Nahrung gestorben, wenn nicht ein Asket, der um jene Zeit daherkam, sich meiner angenommen hätte. Er erkannte meinen Zustand und war bemüht, diesen Leib zu erhalten, während ich dessen Bewusstsein verloren hatte. Täglich brachte er mir etwas Speise, und wenn alle Versuche, mich zu mir selbst zu bringen, nichts fruchten wollten, so schlug er mich mit einem derben Stock, so dass der Schmerz mich zu mir brachte. Gelang es ihm, einen halbbewussten Zustand herbeizuführen, so gab er mir rasch einige Bissen in den Mund, bevor ich wieder in tiefen Samadhi versank. Manchmal, wenn ihm sein Bemühen nicht gelang, war er sehr besorgt."

Den Weltmenschen ist solches völlig fremd und sie urteilen darüber nach ihrer Art. In einem treffenden Gleichnis pflegte Ramakrischna die Lage zu kennzeichnen: „Ein Gott-trunkener Mensch lag in einem Straßengraben. Ein Trunkenbold sah ihn und meinte, dieser befinde sich infolge übermäßigen Trinkens in noch ärgerem Zustand als er selbst. Ein Irrsinniger, der desselben Weges ging, hielt ihn ebenfalls für seinesgleichen. Ein hungriger Bettler bemitleidete ihn, da er ihn für elender hielt als sich selbst, usw. Bis dass ein anderer Gott-trunkener des Weges daherkam und sogleich wusste, wen er da vor sich hatte."

Ja gewiss, verstehen können einander nur diejenigen, welche sich auf gleicher Ebene geistigen Erlebens finden. Am Ende der sechs Monate war Ramakrischnas Körper so geschwächt, dass er an Ruhr erkrankte. Dies gab ihm, wie er selbst meint, das Selbstbewusstsein wieder. Er hatte die höchste Wesensvollendung erreicht. Nun wandte er sich als echter Prophet wieder den Dingen dieser Welt zu, um ein rechter Führer und Meister der Menschen zu werden. Einen neuen Weg religiösen Erfahrens begann er zu beschreiten. Er suchte sich ganz und gar in die verschiedensten Religionen einzufühlen und brachte es darin zu einer sonst kaum je erstrebten und erreichten Vollendung.

Die indische Sekte der Waischnawa kultiviert die Liebe des Menschen zu Gott mit dem Bedeuten, dass die höchste Stufe der Gottesliebe erreicht sei, wenn der Mensch Gott lieben könne, wie ein Weib den Gatten liebt, jedoch ohne alle Sinnesbegier. So soll Radha den Krischna geliebt haben. Um solche Liebe zu erfahren, suchte Ramakrischna sich seelisch zum Weibe zu wandeln, um genau ebenso fühlen zu können wie ein Weib. Er kleidete sich zu dem Zwecke wie ein Weib, sprach wie ein Weib, hielt sich nur zu Frauen, suchte in allen Dingen das weibliche Moment und stellte sich mit der ungeheuren Kraft seiner Imagination vor, er sei ein Weib.

Aus jener Zeit, – ganz nebenbei bemerkt – stammt sicher zum Teil seine genaue Kenntnis der Frauenart im Guten wie im Zweifelhaften. So konnte er in späteren Jahren in heiteren Stunden mit köstlichem Humor, der diesem seltenen Menschen in nicht geringem Grade zu eigen war, Frauen ganz vorzüglich schildern. Beispielsweise stellte er einmal mit allerhand Gesten und Seitenblicken eine Hausfrau dar, wie sie ihrem Gatten ein Mahl vorsetzt. Er ist bereits satt, aber immer wieder bringt sie neue Speisen, preist sie ihm an und tänzelt um ihn herum. Ganz allmählich indessen rückt sie mit einem Anliegen heraus: „Die Frau des ältesten Sohnes unserer Nachbarschaft, des Brahmanen, hat eine so schöne goldene Halskette von ihrem Gatten bekommen. Ach hätte ich doch auch eine solche!"

Ramakrischna erreichte sein Ziel der völligen Einfühlung und hatte in der Verzückung, die über ihn kam, eine Vision von Krischnas herrlicher Gestalt. Aber noch ein anderes hatte er mit seiner Methode gewonnen und hatte es – nach dem Bericht seines bedeutendsten Schülers Vivekanada – auch gewinnen wollen, nämlich die vollständige und endgültige Ausschaltung des Sexuellen: Da doch die Seele weder männlich noch weiblich ist – die völlige Neutralisierung gleichsam des Geschlechtlichen in seiner Person. Sein ganzer Lebensaspekt bekam durch diese Befreiung vom sexuellen Moment eine viel größere Weite und ungetrübte Klarheit.

Ramakrischna war verheiratet. – Bekanntlich kommt es in Indien, wie auch sonst im Orient, nicht selten vor, dass schon Kinder in früher Jugend von ihren Eltern und Verwandten einander verlobt werden. Sind sie dann herangewachsen, so holt der Gatte die Gattin feierlich heim. Ramakrischna war als Siebzehnjähriger mit einem Mädchen von fünf Jahren verlobt worden. Das war damals, als er nach Übernahme des Tempeldienstes in Dakschineswara sich aufzehrte in der Sehnsucht, die Göttin Kali zu schauen. Man hielt ihn, wie bereits erwähnt, allgemein für krank; Mutter und Geschwister meinten, es würde sein Gemüt beruhigen und ihm eine normale Richtung geben, wenn er seine Aufmerksamkeit einem jungen Mädchen zuwendete. Es wird erzählt, als seine Angehörigen nach einer geeigneten Braut Ausschau hielten, da habe er selbst sie angewiesen, die Tochter dieses bestimmten Mannes, mit diesen bestimmten Eigenschaften, sei vorgesehen, mit ihm die Ehe einzugehen. Man suchte und fand tatsächlich das so gekennzeichnete Mädchen. Ramakrischna behauptete, gewisse Frauen würden geboren mit göttlichen Qualitäten, die dem Gatten behilflich wären zu einem gottgeweihten Leben. Andere hätten die entgegengesetzten Eigenschaften an sich.

Die Erwählte hieß Srimati Saroda Dewi und war die Tochter des Rama Tschandra Mukhopadhyaya. Nach der Verlobungsfeier war Ramakrischna in den Tempel zurückgekehrt, ohne dass die Angelegenheit ihn beeinflusst hätte. Im Laufe der Jahre hatte er dann kaum je daran gedacht, dass er eigentlich verheiratet war und dass ein junges Weib heranwuchs, dem er ein eheliches Heim zu bereiten hatte. Was die ihm Angetraute über ihn hörte, konnte ihr Warten nicht ermutigen. So machte sich die nunmehr Siebzehnjährige mit Erlaubnis ihrer Mutter auf den weiten Weg – dreißig bis vierzig englische Meilen – um ihren Verlobten selbst aufzusuchen. Er nahm sie freundlich auf, erklärte ihr aber, der frühere Ramakrischna sei gestorben, der neugeborene könne unmöglich eine Frau als sein Weib betrachten, denn er sehe in ihr, wie in jeglichem Weibe, die Göttin Kali, also seine Mutter. Er redete seine Verlobte mit „Mutter" an, brachte ihr Blumen und Weihrauch dar, bat sie um ihren Segen, und geriet in Trance. Das Mädchen war von edler Art und gab ihm ohne Bedenken zur Antwort, sie sei weit entfernt, den ihr in Kinderjahren Angetrauten ablenken zu wollen von dem heiligen großen Wege, den er beschritten habe, um ihn etwa herabzuziehen zur Weise der Weltleute; nichts anderes wünsche sie als in seiner Nähe bleiben, sein Mahl bereiten und nach Kräften ihn betreuen zu dürfen. Dafür sollte er ihr Lehrer und Führer sein auf dem Wege zu Gott. So blieb sie denn bei ihm, seine eifrigste Schülerin, in ihm eine göttliche Inkarnation erblickend. Sie förderte sein Werk, wo sie konnte, zumal nach seinem leiblichen Tode. Sie wurde hochgeehrt ob der Stärke und Reinheit ihres Charakters. Mathuranatha, der schon erwähnte Schwiegersohn der Erbauerin des Tempels zu Dakschineswara, wollte ihr gleich anfangs eine ansehnliche Rente aussetzen, doch sie wies das Anerbieten zurück, da doch ihr Gatte die Volkommenheit erlangt habe eben durch den Verzicht auf alles Gold und seine Freuden.

Ramakrischnas zu innerst erlebte Überzeugung war: „Jede Frau ist ein Teil der All-Göttin, und ist darum anzusehen als Mutter."

Wiederholt bezeugt er: „Begegne ich Frauen aus ehrbaren Familien, so sehe ich in ihnen die göttliche Mutter, gekleidet in das Gewand der Reinheit; werde ich die öffentlichen Frauen der Stadt gewahr, wie sie in ihren offenen

Veranden sitzen, gekleidet in das Gewand der Unsittlichkeit und Schamlosigkeit, so sehe ich auch in ihnen die göttliche Mutter, nur eben einhergehend in anderem Kleide.“

Vivekanada hat mehr als einmal den Meister gesehen, wie er Frauen und Mädchen, die aus der Gesellschaft ausgestoßen waren, weinend zu Füßen fiel und sprach: „Mutter, in der einen Gestalt befindest du dich auf der Straße, in der andern bist du das All. Sei mir gegrüßt, Mutter, sei mir gegrüßt!“

Welch unendlicher Adel in der Seele dieses indischen Propheten!

Ein feiner Ausspruch finde hier noch seine Stelle: „Das Weib ist unüberwindlich für den Mann, es sei denn, dieser blickte zu ihm auf als Sohn.“

Ramakrischna war auf dem neuen Wege religiösen Erlebens bemüht, den Lebensgehalt verschiedener Religionen voll zu erfassen. Er beschränkte sich dabei keineswegs auf solche indischer Herkunft. So hatte er den Wunsch, den Islam, der ja allerdings in Indien eine Rolle spielt, restlos kennen zu lernen. Er ließ sich von einem Mohammedaner unterweisen, lebte während dieser Zeit in aller Strenge wie ein Mohammedaner, kleidete sich wie ein solcher, befolgte alle Regeln und Vorschriften des Korans, hielt sich peinlich an die ihm gestatteten und gebotenen Speisen – ein nicht unwichtiger Umstand! – er genoss Nahrungsmittel, die einem recht-gläubigen Hindu nicht erlaubt sind, z. B. Zwiebel. Er hielt sich während dieser ganzen Zeit dem bisher gewohnten Kult fern. Er fühlte sich lediglich als Mohammedaner und sah sich visionär betend in einer Moschee. In kurzer Zeit hatte er seine Absicht erreicht.

Später wendete er den nämlichen Eifer dem Christentum zu. In einem benachbarten Garten hatte er ein Christusbild gesehen. Er ließ sich aufklären über den Dargestellten und da erblickte er einen Glorienschein, eine Aura, die von dem Bilde sich löste und in ihn selbst einging. Etliche Tage war er völlig hingerissen von dem Eindruck. Er sah sich in prächtigen Domen, hörte christlichen Chorälen und Predigten zu, bis zuletzt Jesus selbst in ganzer Herrlichkeit vor sein inneres Auge trat.

All diese wunderseltsamen Erfahrungen ließen unseren Propheten eine ewige Wahrheit schauen. Dass nämlich alle Religionen wahr seien, eine jede aber einen besonderen Weg zur wesenhaften Gottheit bedeute und einen besonderen Aspekt des All-Einen darstelle. – Keine absolut neue Erkenntnis zwar, jedoch hier eine Erkenntnis des schauenden Erlebens, und das ist entscheidend. Nicht ersonnen und zurechtgelegt durch reflektierende

Verstandesüberlegung, sondern ein Erkennen aus den Tiefen lebendigen Habens und Seins heraus.

Eine Eigentümlichkeit der Visionen Ramakrischnas bestand, wie Professor Max Müller hervorhebt, darin, dass er die Gestalten – sei es Kali, Rama, Schiwa, Krischna, Jesus, oder andere – zwar außerhalb seiner, also gegenständlich vor sich sah, dass sie aber beim Verschwinden in ihn selber einzugehen schienen.

Merkwürdig ist auch, dass allemal, wenn er eines Lehrers in den einzelnen Religionen bedurfte, ein solcher sich immer gleich einfand. Immer kam einer zur gebotenen Zeit.

Auch bei andern Gelegenheiten pflegte sich dieses merkwürdige Zusammentreffen zwischen Bedürfen und Hilfe einzustellen. So saß er einmal unter dem großen Feigenbaum im Norden des Tempels. Er fand den Ort wegen seiner Abgelegenheit sehr geeignet zu seinen Jogaübungen und wollte da eine kleine Schutzhütte bauen. Da kam die Flut und schwemmte ans Ufer des Ganges alles für den Bau Erforderliche: Bambusstäbe, Taue u. dgl., und zwar zunächst der Stelle, wo Ramakrischna saß. Froh erbaute er mit des Gärtners Beihilfe seine Hütte.

Derartige Vorkommnisse, deren Tatsächlichkeit von ernsten Berichterstattern versichert wird, mögen als Zufall angesprochen werden. Aber Max Müller hat gewiss recht, wenn er eine solche Deutung dem schlichten Eingeständnis der Wunderbarkeit und Unerklärtheit gleichsetzt. Auf höherer Warte dürfte die Überzeugung sich aufdrängen: Dieser Mensch gehörte wie alle Propheten zwei Welten an, deren höhere, wesenhafte hereinleuchtet und helfend eingreift in die niedere der leiblichen Gebundenheit. – Man könnte vielleicht in Anbetracht der unüberbietbaren religiösen Tiefe und Weitherzigkeit, zu der Ramakrischna durch seine Übungen und Erfahrungen gelangt war, die Frage aufwerfen: Wie kann jemand, der zu einer derart durchgeistigten Religions- und Gottesidee gekommen ist, überhaupt noch von Göttern und Göttinnen reden, die ihm erscheinen, zu denen er betet, die ihm antworten, denen er Opfer darbringt: Blumen und Speisen? Nun zunächst gibt es für den Inder Götter und Göttinnen genau so wie es Menschen, Tiere und Pflanzen gibt: Wesen von höherer Organisation als die uns vertrauten, unter anderen Daseinsbedingungen, in einer anderen Welt der Erscheinungen, als die, in der wir uns befinden. Diese Überzeugung ist von vornherein, auch abgesehen von jeder besonderen Erfahrung, schlechterdings nicht abzuweisen. Sie hat im Gegenteil alle Wahrscheinlichkeit für sich. Denn, was wir Wirklichkeit nennen, braucht durchaus nicht die einzige und die ganze Wirklichkeit zu sein. Dazu gibt es auch unter uns vereinzelte Feinerorganisierte und sonderlich Begabte, die mancherlei erleben, was einer andern Welt angehört und der Mehrzahl verschlossen ist und verschlossen bleibt.

Aber die Frage lässt sich rein philosophisch beantworten. Schon seinen Lehrer Totapuri, der seines großen Schülers und Freundes Verehrung der Göttin Kali nicht verstehen wollte und als Aberglaube belächelte, weiß Ramakrischna zu belehren: In dem All-Einen, Zweitlosen, ist nicht Unterschied und Zahl, nicht Ich und Du, nicht Mensch und nicht Gott. Es ist schlechthin unsagbar und undenkbar. Solange jedoch das All-Eine als Vielheit und Mannigfachheit des Seienden erscheint, geschieden in Einzelwesen und Einzeldinge, davon eines der Mensch, solange ist es sehr wohl denkbar und sagbar und solange wolle er, Ramakrischna, das Grenzenlose, Allwissende verehren als Göttin und Mutter. Ein Gespräch über diesen Gegenstand mag uns einen genauen Begriff geben von der profunden Weisheit dieses letzten indischen Propheten, zugleich die diamantene Klarheit und köstliche Volkstümlichkeit seiner Lehrweise uns zeigen. In einem Kreise von Frommen wurde die Frage aufgeworfen: „Hat Gott Gestalt oder ist er ohne Gestalt?"

Da führte Ramakrischna aus: „Gott kann nicht umgrenzt sein. Gleichwohl ist er gestaltet und auch ungestaltet. Dem Frommen ist er gestaltet. Dem Erkennenden, d. h. dem, der die Welt als Traum erkannt hat, ist er ohne Gestalt und Form. Der bloß Fromme hat die Empfindung, er selbst sei eine Wesenheit und die Welt sei eine andere Wesenheit; deshalb ist ihm Gott offenbar als Person. Der Erkennende, der Wedantist, weiß nur eins zusagen: „Nicht dies, nicht das." Damit bezeichnet er sich und die ganze Welt ringsumher als nichtwirklich, als Traum. Er erlebt Brahman im Überbewussten. Nicht vermag er zu sagen, was Brahman sei. – Brahman ist das Meer des absoluten Seins, der absoluten Erkenntnis, der absoluten Seligkeit: Grenzenlos nach jeder Richtung hin. Durch den Reif des Frommseins gefriert das Wasser an einzelnen Stellen dieses Meeres, es verdichtet sich zu Eis. Anders ausgedrückt: Es tut sich kund dem Frommen als Person, indem es für ihn eine bestimmte Form annimmt. Steigt dann die Sonne der Erkenntnis empor, so schmilzt das Eis und nicht länger mehr wird dann Gott als Person gewusst, noch in irgendeiner Gestalt geschaut. Nicht gibt es dann mehr Worte zu sagen, was er ist. Zudem: Wer ist dann auf solcher Höhe der Erkenntnis überhaupt noch da, der Worte machen sollte? Ist doch der Redende selbst nicht mehr; nirgends ist sein Ich zu finden; nichts mehr ist übrig davon. Wie wenn man eine Zwiebel schält, die rote Schale zuerst, dann die weiße und so fort – im Innern bleibt nichts zurück. Wo nun schon das eigene Ich unfindbar ist, wie soll da ausgesagt werden, was Brahman ist im Überbewussten? Eine Puppe aus Salz tauchte ins Meer, um seine Tiefe zu ermessen. Alsbald zerfloss sie. Wer sollte nun Bericht erstatten? Also ist das Merkmal der vollkommenen Erkenntnis das Schweigen. Dann ist die Salzpuppe des Ich zergangen und Eins geworden mit dem Meere des Seins, der Erkenntnis, der Seligkeit. Dann ist keine Spur eines Unterschieds zwischen Ich und Brahman mehr vorhanden. Fließt das Wasser aus einem Behälter auf die Felder aus, wie laut ist da am Anfang das Geräusch! Sowie jedoch das Wasser im Behälter und das auf dem Felde die gleiche Höhe erreicht hat, so hört das Geräusch auf. Solange als die Unterschiedenheit nicht aufhört, vernünfteln und argumentieren die Menschen gar gewandt. Hat sie aufgehört, so werden sie still . . . Dem Frommen ist Gott mit Attributen bekleidet, ihm offenbart er sich als Person, in irgendeiner Gestalt. Er ist es, der Gebete hört."

Einer aus dem Kreise fragte weiter: „Herr, kann Gott gesehen werden, warum sehen wir ihn dann nicht?"

Ramakrischna darauf: „Gewiss kann er gesehen werden. Und zwar in Gestalt und Form. Anderseits wiederum kann er gesehen werden auch ohne Gestalt. Der Fromme ist jederzeit geneigt, Gott als eben in der Form seiend zu glauben, in der er ihn sieht. Ist er einmal imstande, sich in das Bewusstsein Gottes hineinzuversetzen, so gibt ihm Gott alles Verständnis. – Lass dir eine Geschichte erzählen. Ein Mann kam an einen Baum und sah da ein Tier. Er erzählte einem andern, er habe ein schönes rotes Tier auf jenem Baume gesehen. Der andere erwiderte, auch er sei dort gewesen und habe das Tier gesehen. Aber rot sollte es sein? Es sei doch grün. Ein dritter widersprach beiden, denn er habe das nämliche Tier gelb gesehen. Ein vierter behauptete es sei blau, ein fünfter dagegen es sei orange. Da machten sich nun alle fünf auf den Weg zum Baum. Dort trafen sie einen Mann, den sie um sein Urteil baten. Er sagte: Ich wohne unter diesem Baume und kenne das Tier ganz genau. Jeder von euch hat recht. Das Tier ist nämlich einmal rot, einmal grün, manchmal gelb, dann wieder blau, es nimmt verschiedenerlei Farben an. Bisweilen finde ich es auch ohne jede Farbe." – „Das will sagen," erklärt nun Ramakrischna, „dass derjenige allein Gottes wahre Natur kennt, der immerwährend an ihn denkt. Dieser allein weiß, dass Gott sich offenbart in mannigfacher Form und auf allerlei Art, dass er Attribute hat und wiederum auch keine Attribute hat. Der Mann allein, der unter dem Baume wohnt, weiß, dass das Chamäleon die Farbe wechselt und mitunter auch ohne Farbe ist. Gott tut sich kund dem Frommen in der Gestalt, die dieser liebt. So gütig erweist er sich seinen Anbetern. Die Puranas (indische heilige Schriften) sagen, er habe die Gestalt von Sita-Rama angenommen um Hanumans, eines wahren Helden unter den Frommen, willen. – Die Form schwindet vor der Erkenntnis. Ihr letzter Schluss ist, dass Brahman wirklich, die Welt mit Namen und Gestalt dagegen unwirklich ist. Solange das Ichbewusstsein „Ich bin ein Frommer" besteht, wird Gott gesehen und kann begriffen werden als Person. – Vom Standpunkte des Wissens aus hält das Ichbewusstsein des Frommen diesen in gewisser Ferne von Gott. – Warum ist die Gestalt der Kali drei und eine halbe Elle hoch? Eben wegen dieser Ferne. Die Sonne erscheint klein wegen ihrer Entfernung vom Beschauer. Tritt nahe zu ihr hin, und sie wird so groß erscheinen, dass du nicht imstande bist, sie zu begreifen. Wiederum, warum ist die Gestalt der Kali blau? Abermals wegen der Ferne. Das Wasser in einem großen Teich scheint von fern gesehen blau. Gehe hinzu und nimm ein wenig in die Hand und du wirst gewahr, dass es farblos ist. Der Himmel, von ferne gesehen, ist blau. Gehe hinzu und siehe, er hat keinerlei Farbe. Deshalb sage ich, Brahman ist ohne Attribute gemäß der Wedanta-Erkenntnis; sein Wesen kann nicht beschrieben werden. Aber solange du selber wirklich bist, solange ist auch die Welt wirklich und Gottes Namen und Formen sind gleichfalls wirklich. Und ebenso lange ist auch der Begriff von Gott als einer Person wirklich."

„Dein Weg ist der des Frommseins", schließt Ramakrischna das Gespräch, „und das ist gut so, es ist ein sehr gangbarer Weg. Wozu dann noch Gott kennen lernen in seiner Unendlichkeit? Bin ich auf diesem köstlichen Wege, dann ist die Andacht zu der Gottheit Lotosfüßen das einzige Anliegen, das ich empfinde."

Wir sehen, wie Ramakrischna, der Erkennende, zu tiefst Wissende, die schlicht ergebene Gottesverehrung zu schätzen weiß. Er selbst blieb ja bis ans Ende ein Verehrer der „Mutter Kali", treu und hingegeben in ergreifender Kindlichkeit. Übermensch und Kind zugleich! Diese Vereinigung gehört sicherlich höchsten Zusammenhängen an und wurzelt in letzten Wesenheiten.

In dem Geltenlassen jeglicher Gottesverehrung aber und aller Religionsformen tut sich eine Hochherzigkeit und Duldsamkeit kund, wie sie kaum einem Propheten sonst zu eigen war und sicher nicht mehr überboten werden kann. – Lediglich etwa an den alttestamentlichen

Verfasser des Buches Jona könnte man erinnert werden, dem Gott, nicht bloß der Juden Gott, sondern gleicherweise der Heiden Gott ist: Allen Erdenkindern „gnädig, barmherzig, langmütig und von großer Güte."

An Ramakrischna widerlegt sich die so oft vertretene, immer wiederholte Behauptung, jede wahrhaft lebendige Religion sei notwendig intolerant; Duldsamkeit sei allemal ein Zeichen religiöser Gleichgültigkeit, verkappter Religionslosigkeit. O keineswegs. Das gilt vielleicht von Kirchen, deren Priester um ihre Autorität bange sind und darum den Gläubigen – und sich selbst – einreden, man dürfe keine andere Form des Gottesglaubens dulden als die ihrige, und müsse alle andern ausrotten, wo es nur anginge. Aber nicht gilt solches auf den Höhen echter Gottinnigkeit und wahrer Liebesheiligkeit.

Unermüdlich mahnt Ramakrischna seine Jünger, sorgsam jegliche Frömmelei und Unduldsamkeit zu meiden. Der wahrhaft religiöse Mensch soll wissen, dass alle Religionen Wege zur Wahrheit bedeuten. Er bringt eine Geschichte von einem Manne, welcher den Gott Schiwa verehrte, alle andern Gottheiten aber hasste. Einst erschien ihm Schiwa und sprach: „Ich habe nicht mehr Wohlgefallen an dir, wofern du die andern Götter hassest." Aber vergebens. Etliche Tage darauf erschien Schiwa abermals, diesmal in Gestalt des Hari-Hara, d. h. die eine Seite seines Leibes stellte Schiwa dar, die andere Wischnu. Nun war jener Mensch halb erfreut und halb geärgert. Er legte die Opferspeisen vor Schiwas Seite, nichts vor die Gegenseite. Zündete er Weihrauch an, so war er unverschämt genug, Wischnu die Nasenlöcher zusammenzudrücken, damit dieser den Wohlgeruch nicht mit genieße. Peinlich berührt verschwand Schiwa plötzlich. Doch der Mann war unbekehrbar. Da begannen die Dorfkinder ihn zu hänseln, indem sie ihm „Wischnu" nachriefen. Erbost darüber, hängte er sich zwei Glocken an die Ohren, um sie immer zu läuten, sobald die Kinder „Wischnu" riefen, so dass er nichts hörte. Er wurde bekannt unter dem Namen „Glockenohr". Und so verhasst machte er sich durch seine Unduldsamkeit, dass heute noch zu einer bestimmten Zeit im Jahr die Kinder in Bengalen eine Puppe, die jenen Mann darstellen soll, mit Knüppeln schlagen.

In der unendlichen Fülle des Gottschauens und der Gotterkenntnis hat Ramakrischna, dieser Heilige unserer Tage, sein Wesen.

Was alle Propheten und Heiligen zu dem macht, was sie sind, das ist ihr gotterfülltes Dasein an sich, nicht die Umstände ihres persönlichen Lebens, die Umwelt, in die sie gestellt sind – die kann unter Umständen recht alltäglich sein. Das höhere Leben aus sich selbst, die Seelenkraft des höheren Ich, der magischen Überwelt, die eine Umwelt sich selbst erst schafft, gibt dem Propheten seine Vollmacht, und zwingt jeden, der ihm begegnet, Stellung zu nehmen, sei es für, sei es gegen ihn. Darum reden Propheten und Heilige erst, nachdem sie höhere Welten und Zusammenhänge gefunden, erlebt und erschaut haben, nachdem sie die Welt des Scheins überwunden haben. Nachdem der himmlische Vater sich ihnen geoffenbart, nachdem sie verzückt wurden in den dritten Himmel oder geschmeckt haben die Wonnen des Paradieses, nachdem die himmlische Liebe herniedergestiegen ist in ihr glutvolles Herz, dann erst fühlten sie sich reif zu verkündigen, was sie empfunden und erfahren. So Buddha, so Jesus von Nazareth, so Paulus, so Mohammed, so Franz von Assisi. Dann aber strahlt von ihnen her der wunderbare Glanz des Geschauten, das Licht Gottes, und schwingt hin zu denen, die reinen Herzens, die guten Willens sind. Dann bedarf es gar nicht einmal der Worte, es bedarf nicht der Schriften und der Anpreisungen. Nur wer nicht auf den Grund der Dinge sieht, nichts ahnt von den letzten Momenten des Geschehens, dem mag es anders scheinen. Nein, all dessen bedarf es letzten Endes nicht, damit herzu finden alle, die es angeht und deren Dienste der Heilige braucht – wenn sie auch nicht merken, von welch unsichtbaren Banden sie gezogen werden.

Ramakrischna war ein Wissender. In einem schönen Gleichnis pflegte er zu sagen: „Wenn der Lotus sich öffnet, kommen die Bienen unaufgefordert, um Honig zu suchen; also wohl an, lass den Lotus deines Innern nur voll erblühen und alles andere wird folgen.“

Oder anders: „Wenn die Rose erblüht ist und ihren süßen Duft um sich verbreitet, so kommen die Bienen ganz von selbst. Sie sind es, die die Rose suchen, nicht die Rose sucht die Bienen auf.“

Und Swami Vivekananda, der Jünger Ramakrischnas, der solche Worte aus dem Munde des Meisters gar oftmals gehört, spricht eine bei uns unerkannte Wahrheit aus, wenn er hinzufügt: „Ja, würde ein Mensch in eine Höhle sich einschließen und dort einen wahrhaft großen Gedanken denken und dann sterben, so würde dieser Gedanke die diamantharten Wände der Höhle durchdringen, würde durch den Raum schwingen und schließlich die ganze Menschheit durchstrahlen.“

Jedes Prophetentum vollzieht sich im Auftrag eines unendlich Hohen. Das war das Grunderlebnis der israelitischen Propheten: Sich gesandt zu wissen von Gott Jahwe. Und Ramakrischna pflegte zu sagen: „Ein einziger Polizist vermag mit Leichtigkeit einen Aufstand zu dämpfen. Woher kommt das?

Allein weil er das Abzeichen der Autorität des Staates trägt. So auch muss der Lehrende das Zeichen göttlicher Autorität besitzen, dann ist er unwiderstehlich. Niemals ermangelt er dann der Gedanken oder der Argumente. Sein Vorrat an Weisheit ist unerschöpflich, dieweil er die Fülle schöpft aus der grundlosen Quelle aller Erkenntnis."

Viele, die zu Ramakrischna kamen, aus allerlei Klassen und Ständen des Volkes – darunter berühmte Leute – erwarteten einen unnahbaren, mit feierlicher Würde vor sich hinblickenden Sannjasin zu finden, gekleidet in das Gewand eines solchen, sitzend auf dem üblichen Tigerfell, das Gesicht bestrichen mit heiliger Asche, das lange Haar in eben Knoten verschlungen, umgeben von Jüngern gleicher Art. Wen fanden sie statt dessen? Einen schlichten Menschen, angetan mit einem weißen Lendentuch, sitzend auf einem hölzernen Schemel in einem freundlichen Raum, dessen Wände geziert waren mit Bildern von Göttern und Göttinnen. Scherzworte und frohes Lachen klangen dem Besucher entgegen. Jedoch schon einen Augenblick später konnte die Situation völlig verändert sein: Das Gespräch hatte sich Gott und der Seele zugewendet und der so natürlich und volkstümlich heitere Mann war mit einem Mal in tiefen Samadhi geraten. Regungslos saß er da, die Augen starr und halbgeschlossen, Tränen der Verzückung liefen über seine Wangen, die Finger versteiften sich, von Atem war nichts mehr zu merken. Als ob Sinnen- und Gemütskräfte sich zurückgezogen hätten vor einer Welt, die zu betreten ihnen nicht vergönnt ist, vor einer Sphäre, wo Zeit und Raum und Geschehen nicht mehr sind, – nur Losgelöstheit und unsagbare Wonne, jenseits von hier und dort, jetzt und dann, eins und zwei. In diesem Zustande konnte der Prophet in ekstatisches Beten und Singen ausbrechen, dessen überirdische Kraft die nüchternsten Herzen ergriff und Augen zu Tränen brachte, die sonst nie unter religiösen Schauern bewegt worden waren.

So schildern die Schüler und Besucher den Mann, der so viel ungewöhnlicher war, als die landläufige Vorstellung von einem Sannjasin erwarten ließ. War sein „normales" Gehaben noch so gewöhnlich und unscheinbar – er war nicht gelehrt und nicht einmal des Sanskrit kundig –, so machte er auf fast alle, die ihm begegneten, gar bald einen außerordentlichen Eindruck. Protap Tschunder Mozoomdar, ein hochgebildeter, innerlich gefestigter Mann, der sich rühmen kann, Disraeli und Fawcett, Stanley, Max Müller und viele andere europäische Größen gehört zu haben, der sich als eifriger Christusjünger und Bewunderer der freigesinnten christlichen Mission und als Anhänger der Brahma-Samadscha bekennt, leitet einen begeisterten Aufsatz in der Theistic Quarterly Review, Oktober 1879, über Ramakrischna mit den Worten ein: „Mein Gemüt schwebt noch in der lichtvollen Atmosphäre, welche dieser wundervolle Mensch um sich ausstrahlt, wo und wann immer er erscheint. Noch ist meine Seele erfüllt von dem Zauber des geheimnisvollen und undefinierbaren Pathos, das er mir einflößt, wann immer er mir begegnet."

Und Swami Vivekananda erzählt uns von seiner ersten Begegnung mit Ramakrischna, der bald darauf sein über alles verehrter Meister werden sollte. „Ich hörte von ihm und ging hin, ihn zu sehen. Er sah aus wie ein gewöhnlicher Mensch, nichts fiel mir auf an ihm. Er redete eine äußerst einfache Sprache und ich dachte bei mir: Kann dieser ein großer Lehrer sein? Ich trat näher an ihn heran und richtete die Frage an ihn, die ich bisher an alle gerichtet hatte, die mir begegnet sind: „Glaubst du an Gott?"

„Ja", war die Antwort.

„Kannst du ihn beweisen?", fragte ich weiter.

„Ja"

„Wieso?"

„Weil ich ihn sehe, so wie ich dich hier sehe, bloß viel lebendiger."

Dies machte auf mich sofort Eindruck. Zum ersten Mal hatte ich einen Menschen entdeckt, der zu sagen wagte, er sehe Gott, Religion sei Wirklichkeit, gefühlt, empfunden in einer unendlich lebendigeren Weise als die Welt empfunden werden kann. Ich fing an, diesem Menschen näher zu kommen, Tag um Tag, und ich erfuhr nun tatsächlich, dass Religion mitgeteilt werden könne. Eine Berührung, ein Blick vermag einem ganzen Leben eine neue Richtung zu geben. Ich habe von Buddha gelesen und von Christus und Mohammed, von all jenen Leuchten vergangener Zeiten, wie sie sich emporgerichtet und wie sie gesprochen haben „Werde heil" und der Mensch wurde heil. Nun fand ich solches wahr. Seitdem ich diesen Mann gesehen, da war jedweder Zweifel überwunden."

Also hatte Vivekananda erfahren, was der Meister wiederholt äußerte: „Religion kann mitgeteilt und ergriffen werden, greifbarer, fassbarer, wirklicher als sonst irgend etwas in der Welt."

Sehr bezeichnend für Ramakrischnas große Schlichtheit und Natürlichkeit, und unterhaltend zugleich, ist folgendes Begebnis: Einst brachte Mathuranatha, Ramakrischnas erster glühender Anhänger, diesen zu seinem Schwiegervater, dem Erbauer des Tempels von Dakschineswara. Dieser ersuchte Ramakrischna, das Jahresfest der Brahma-Samadscha, der „Gemeinde der Gottesgläubigen", die sich anfangs des vorigen

Jahrhunderts unter den Einflüssen der christlichen Ideen in Kalkutta gebildet hatte, mit seiner Anwesenheit zu beehren. Als er sich jedoch im Laufe des Gespräches bemühte, dem Geladenen die Notwendigkeit klar zu machen, in einem passenden Anzug zu erscheinen, erwiderte dieser lächelnd, dass er nicht imstande wäre, sich Gedanken zu machen über seine Kleidung, sobald Samadhi über ihn käme. Jener gab sich schließlich zufrieden mit dem Versprechen, der so dringend Eingeladene wolle wenigstens ein Hemd anziehen. Am nächsten Tage indessen schon erhielt Mathuranatha einen Wink, es sei doch nicht angebracht, Sri Ramakrischna in die vornehme Gesellschaft mitzubringen, da es peinlich wirken könnte, wenn er, wie wohl sicher anzunehmen, in Samadhi verfiele.

Eine Geschichte über Ramakrischnas Mutter, die ihrem Sohne in äußerlicher Anspruchslosigkeit glich, soll hier nicht fehlen. Derselbe Mathuranatha wusste, dass seines Meisters nächste Angehörige sehr arm waren; er wünschte etwas für sie zu tun. Sobald er dem Meister sein Anliegen nahe brachte, wies ihn dieser unwillig ab und verbat sich die weitere Erörterung der Angelegenheit. Mathuranatha suchte nun die alte Mutter Ramakrischnas auf, die im gleichen Garten mit ihrem Sohne wohnte. Er fragte sie nach ihren Bedürfnissen, um diesen abzuhelfen. Sie erwiderte: „Mein Sohn, ich weiß von keinem Bedürfnis in dieser Welt, ich bin so glücklich hier. Ich verbringe die letzten Tage meines Lebens an den Ufern des heiligen Ganges und empfange milde Gaben der Mutter Kali. Was sollte ich noch für Wünsche haben?"

Aber Mathuranatha ließ nicht so leicht locker, obzwar er allemal die gleiche Antwort erhielt. Schließlich sagte die alte Frau: „Da du darauf so bestehst, mir etwas zu schenken, nun so kaufe mir für fünf Pfennige Gewürz."

Mathuranatha schlug die Hände ineinander und rief aus: „Wärst du nicht so geartet, wie hätte Sri Ramakrischna von dir geboren werden können!"

Niemals nahm Ramakrischna von seinen reichen und wohlhabenden Verehrern, die sich glücklich geschätzt hätten, ihn ohne Maß beschenken zu dürfen, etwas an. Mathuranatha machte ihm wiederholt den Vorschlag, es solle ihm der Tempel nebst dem zugehörigen Grundbesitz, der jährlich große Einkünfte brachte, als Eigentum übertragen werden, aber Ramakrischna wies dieses glänzende Anerbieten mit aller Entschiedenheit zurück und drohte, er wolle weggehen, wenn jener noch weiter in ihn dränge.

Immer mehr bekannt und geehrt wurde der Heilige von Dakschin- eswara. Als er mit Mathuranatha und dessen Familie eine weite Pilgerreise unternahm zu allen heiligen Stätten der Hindu, da erwiesen ihm die Weisen und Asketen allenthalben hohe Ehren und betrachteten ihn nicht nur als einen großen Lehrer, sondern geradezu als eine Verkörperung, eine Inkarnation der Gottheit selbst. Auf dem Rückwege kam man in ein Dorf, ob dessen Armut Ramakrischna zu bitteren Tränen bewegt wurde. Er verließ den Ort nicht eher, als bis Mathuranatha die Bewohner für längere Zeit mit Nahrung, Kleidung und Geld versehen hatte.

Der Wald des Tempels von Dakschineswara wurde von allerlei Menschen immer zahlreicher besucht. Alle Gesellschaftsklassen waren vertreten, alle Religionen und Sekten kamen da zusammen. War es doch das Eigentümliche und unübertrefflich Große an Ramakrischna, dass er sie alle gelten ließ, dass er ihnen allen mit unendlicher Milde und seelenvollem Verstehen entgegenkam. In ihnen allen sah er Pfade zu dem einen Ziel: Der Erkenntnis, oder richtiger gesprochen: Dem Erlebnis des Eins-Seins mit Gott. Die Vertreter des verschiedenartigsten Gottglaubens und Gottdienens begrüßte dieser Prophet als Weggenossen, deren Wege hier, auf dieser Ebene der Unterschiedenheit, noch so sehr auseinandergehen mögen – dennoch werden sie zusammentreffen und Eins werden in dem grenzenlosen Ozean des ewigen Grundes. Niemals hat Vivekananda, der mit dem Meister jahrelang zusammenlebte, auch nur ein einziges Wort der Verurteilung irgendeiner Religions- gemeinschaft oder Sekte von ihm gehört. Sein Ideal ist gewesen, die verschiedenen Seiten menschlichen Geisteslebens, die intellektuelle, die gefühlsmäßig-mystische und die sich nach außen betätigende religiös zu vereinigen und zu verschmelzen, und auf diese Weise – wie es auf ursprünglicherer Stufe des Geisteslebens schon gewesen – auf höherer Stufe den religiösen Vollmenschen der Zukunft heranzubilden.

Weitgehende Duldsamkeit, die in tiefer Liebe gründet, ist seit je ein Charakterzug indischen Religionswesens. Eine seiner feinsten Blüten aber ist Ramakrischna, dieser letzte indische Prophet. Er hatte nicht allein religiöse Ausschließlichkeit, sondern auch – was für einen Brahmanen viel schwerer ist – das alttraditionelle Kastenwesen des Indertums völlig überwunden. Er hatte die heilige Schnur als Abzeichen des Brahmanen abgelegt. Er vermochte nicht, wie es vorgeschrieben war, mit der hohlen Hand Wasser zu opfern den Göttern und Avataras, da seine Finger sofort steif wurden, wenn er es etwa versuchte. Religiöse Zeremonien und Verrichtungen hatten für ihn ihre sonderliche Bedeutung verloren – auch darin ein echter Sannjasin und Heiliger!

Er sagt einmal: „Ein Mensch wird ledig seiner Sünden, wenn er im Ganges badet. Aber was will das besagen? Heißt es doch, dass seine Sünden inzwischen auf den Bäumen hocken und warten; sobald er aus dem Ganges heraufsteigt, hüpfen sie ihm sogleich wieder auf die Schulter."
Gleichwohl missbilligte er die Abschaffung jeglicher Riten und gottesdienstlichen Formen. Er sah darin Hilfen für den noch Unvollkommenen und meinte: „Ganze Ladungen selbst des dürrsten Holzes, gehäuft über ein Feuer, das eben im Entstehen begriffen ist, werden dieses ersticken; hingegen in einem mächtigen Brand werden sogar Bananenbäume, die fast nur aus Wasser bestehen, in kürzester Zeit zu Asche verbrennen. Die Riten und Formen werden von selbst abfallen, wenn ihre Zeit da ist, gleichwie die Blätter der Kokospalme. Essen und Trinken mit jedermann ist noch kein Zeichen der allgemeinen Bruderliebe, wenn im Herzen Hass, Selbstsucht, Hochmut und Verachtung die Oberhand haben."
Bei aller Nachsicht menschlicher Unzulänglichkeit blieb ihm Religion ihrem Wesensgehalt nach immer die Beziehung zwischen Gott, dem Überindividuellen, Allumfassenden, und den Tiefen des individuellen Ich. Die Religion ist keine Lehre, kein Dogma, keine Gesellschaftsangelegenheit. Sobald sie dazu gemacht wird, ist sie auch schon herabgesunken zum Alltag und seinen Geschäften. Kirchen werden gebaut, Statuten festgesetzt, heilige Schriften dokumentiert, und das wichtigste: Priester machen sich notwendig. Priester im Sinne der christlichen Kirchen. Hierin liegt das Wesen jeglichen Kirchentums: Priester und Laienschaft; die einen, welche die Heiligtümer verwalten in der einzig rechtmäßigen und gültigen Weise, welche autoritativ zu bestimmen haben, was wahr und gottgewollt und zum Heil unerlässlich sei – und die anderen, welche dieses einfach gläubig und gehorsam hinzunehmen und den ersteren dafür lebenslang dankbar zu sein haben. Solches aber ist nicht Kern und Stern der Religion; im Erleben, im selbsteigenen Erfahren, darin liegt beschlossen Religion im Vollsinn des Worts, in der Fülle ihres Werts.
Vorurteilslose Menschenkenntnis und heilige Nächstenliebe zeichneten Ramakrischna aus. Niemand verachtete er, auch nicht Dirnen und Trunkenbolde. Von diesen verlangte er nicht, sie sollten ihren Lebenswandel mit einem Mal ändern, denn er wusste, dass sie es nicht vermögen – wofern sie nicht in wunderbarer Weise durch seine bloße Gegenwart eine plötzliche innere Wandlung erfuhren. Er lud sie ein, öfter zu kommen, damit die allmähliche Sinneswandlung vor sich gehen könnte.

Anderseits wieder nahm er keinerlei Rücksicht auf äußere Macht und Ansehen seiner Verehrer und Besucher; er wies ihnen ihre Fehler nach und hielt ihnen ihre Schwächen vor. Was er vor allem verlangte und erwartete, war Aufrichtigkeit, Wahrhaftigkeit vor sich selbst. Das ehrliche Suchen und Streben nach Wahrheit und nach Selbsterkenntnis, so schwer es ist, war ihm die Voraussetzung jedes seelischen Wachstums, jedes Gesund- und Starkwerdens des inwendigen Menschen.

Wie zart Ramakrischnas Empfinden war gegen alle Kreatur, in deren jeder er Göttliches schaute, des All-Einen ewige Offenbarung spürte, tut sich in folgenden kleinen Vorkommnissen kund, die von ihm berichtet werden. Als er einmal einen Menschen das Gras niedertreten sah, schrie er schmerzlich auf. Als er einst Opferblumen pflückte und aus dem Stengel Saft herausquellen sah, da musste er an blutende Wunden eines menschlichen Leibes denken und weinte bitterlich. Und nachdem er die Erde ansehen gelernt als Gott Schiwa selbst und die Bäume und Blumen als die seinen göttlichen Leib schmückenden Opfergaben, da hörte er auf, Blumen zu pflücken und sie als Opfer darzubringen.

Bisweilen kamen, wie nicht anders zu erwarten, Leute zu ihm, die lediglich die Gelegenheit nicht versäumen wollten, den wunderlichen Heiligen, der so viel Zulauf hatte, gesehen zu haben. Kalkutta, Indiens große Residenz- und Universitätsstadt, war ja ganz nahe. Die Toren dieser Welt belächelten ihn, christliche Missionare in verstiegenem Selbstbewusstsein, dessen Hintergrund zumeist Beschränktheit und Unwissenheit sind, glaubten ihn verachten zu sollen. Gelegentliche Unfreundlichkeiten blieben nicht aus.

Eine führende Persönlichkeit der Brahma-Samadscha, hatte einem jungen Menschen abgeraten, Ramakrischna aufzusuchen; dieser sei ein wirrer kranker Mensch, wie es leicht solche werden, die zu tief in dunkle und absonderliche Materien sich versenkten, wie beispielsweise auch viele abendländische Philosophen. Ramakrischna erfuhr von diesem Urteil über sich. Er lud den so rasch fertigen Kritiker ein, ihn zu besuchen. Dieser versprach, meldete sich sogar wiederholt für einen bestimmten Tag an, hatte aber nicht einmal so viel Höflichkeit, Wort zu halten. Nach geraumer Zeit erschien er doch. Ramakrischna sprach in gewohnt freundlicher Art zu ihm: „Du hältst mich für einen Wirrkopf? Doch wenn ich jemand verspreche, an einem bestimmten Tag zu kommen, so komme ich pünktlich, während du, ein wohlerzogener, gebildeter Mann mit gesundem Kopf trotz wiederholten Versprechens nicht Wort gehalten hast. Sodann stelltest du fest, zu vieles Meditieren sei die Ursache, dass mein Gehirn in

Unordnung geraten sei, und wiesest auf ähnliche Fälle abendländischer Denker hin. Indessen, ich frage dich, ob es wohl möglich sei, der Gesundheit verlustig zu gehen durch nachsinnendes Sichversenken in dasjenige Bewusstsein, welches erst dem Universum Bewusstsein gegeben hat? Was Wunder aber, wenn gewisse Geister des Westens, von der Last der toten Materie beschwert, ihr Gleichgewicht verlieren!"

Der also angeredete Prediger der Brahma-Samadscha verneigte sich und bekannte seinen Irrtum. Sublimste philosophische Einsicht leuchtet aus solchen Worten. Sich Versenken in jenes Allbewusstsein, dem alles Sonderbewusstsein sein Dasein und Sosein verdankt, das ohne jenes nimmer wäre! Die Aussprüche im zweiten Teil dieser Arbeit werden noch eingehender zeigen, welche Höhe der philosophischen Weisheit und Erkenntnis dieser indische Prophet erklommen hat.

Dabei hatte er Gemüt und Art eines Kindes. Die ihn sahen, wissen zu erzählen von der außergewöhnlichen Kindlichkeit in diesem göttlich durchleuchteten Angesicht. Wie ein Kind bekümmert er sich nicht um seine Kleidung, konnte er nach Nahrung und Trank rufen, wenn er hungrig oder durstig war, gleichgültig wo er sich eben befand und wär's im Gesellschaftszimmer eines Reichen und Vornehmen, bei dem er zum ersten Mal zu Besuch war; wie ein Kind konnte er nicht viel auf einmal genießen, wie ein solches war er leicht zu befriedigen in seinen Wünschen.

Niemand gestattete dieser Prophet, ihn „Vater" anzureden; geschah es dennoch, so pflegte er zu sagen: „Ich bin das Kind meiner göttlichen Mutter, wie sollte ich jemandes Vater sein können?"

Von seinen Besuchern gedrängt, die Weisheit zu lehren, liebte er zu bemerken: „Was weiß ich denn? Nur das eine, dass meine göttliche Mutter lebendig ist und dass ich ihr Kind bin."

Sprach man ihn als Guru (Lehrer, Führer) an, so konnte er ärgerlich werden und schelten: „Wer ist wessen Guru? Der Herr ist der Lehrer aller."

Wer gedächte hier nicht des Meisters von Nazareth, der die Anrede „Guter Meister" von sich wies mit den Worten: „Was nennst du mich gut? Einer ist gut, das ist Gott!"

So demütigen Sinnes war er, dass niemand sich rühmen konnte, ihm zuerst den Gruß entboten zu haben.

Ramakrischna fand sich ganz gegründet in Gott. Die Welt und der Welt Treiben war ihm zu gleichgültigem Schein geworden.

Es wird berichtet, wie er in die eine Hand ein Stück Lehm nahm, in die andere ein paar Goldmünzen, und dann sagte er sich: „Dies ist Gold und dies Lehm; mittels des einen kannst du Tempel und Paläste errichten, viele Menschen und Tiere speisen, du kannst in Kutschen fahren und alle Wünsche deines Leibes befriedigen. Mittels des andern kannst du Backsteine anfertigen, Standbilder formen usw. Doch welchen Zweck erfüllt jedes von beiden außer dem Sinnengenuss? Beide sind Materie, die nicht über sich hinaus zu führen vermag. Selbst begrenzt, können sie niemals ins Unbegrenzte geleiten. Was trachtest du danach? Schätze beide gleicherweise ein!"

So überlegte er immer und immer wieder, tauschte wechselnd Lehm und Gold in seinen beiden Händen, nannte das Gold Lehm und den Lehm Gold – bis er schließlich den Sinn für den Unterschied verloren hatte und ganz in der Vorstellung befangen war, beides sei ein und das nämliche. Dann warf er Lehm und Gold in den Ganges. – Im Grunde genommen dieselbe Methode wie die oben erwähnte Neutralisierung und damit Überwindung der Geschlechtlichkeit. – Von da an konnte er kein Metall mehr anrühren, ohne dass seine Finger steif und gelähmt wurden. Das wird von vielen bezeugt, die es wiederholt beobachtet haben. Man legte ihm versuchsweise in seiner Abwesenheit unter die Matratze eine Münze. Heimgekehrt war er nicht imstande, das Bett auch nur anzurühren; es war ihm wie ein Lager von Dornen, solange die Münze nicht entfernt war.

Bekannt sein dürfte die wunderbare Feinfühligkeit der „Seherin von Prevorst" und anderer Sensitiver gegenüber allerhand Mineralien und anderen Substanzen. Nach G. H. von Schuberts Untersuchungen erregten bei jener die meisten Metalle Krämpfe; Gold bewirkte „ein unangenehmes Dehnen der Glieder und Steifigkeit der Muskeln."

So hatte Ramakrischna die Freude am Geld überwunden.

Altindische Weisheit wurzelt in der lebendigen Erkenntnis der Nichtigkeit, der völligen Scheinhaftigkeit des Individuellen – der Wesenhaftigkeit des All-Einen; ihr praktisches Bemühen gipfelt in der Überwindung des individuellen Ich, seiner restlosen Beherrschung, seiner schließlichen Erlösung im überindividuell Göttlichen, oder, da nach allgemeinen Begriffen auch die Götter noch individuelles Sein haben, im Über-göttlichen: In Brahman. Auch unseres Propheten heißes Streben war es, das Ich und das Mein in ihrem eigentlichen Sinn zu durchschauen und in letzter Erkenntnis, die tiefstes Erleben bedeutet, sich endgültig davon frei zu machen.

„Was ist dieser Begriff des „Ich" und „Mein", so fragte er sich unermüdlich wieder, „dieser Begriff, der da beständig groß tut: „Ich bin der Sohn des und des", „Ich will dies und jenes", „Ich bin so gut, so fromm, wer hält den Vergleich mit mir aus?", „Dies ist mein Haus, mein Besitz", „Kennt ihr mich nicht?" – Diese Pest des „Ich" und „Mein" quält den Menschen ununterbrochen, kehrt die Seele nach außen und stört ihr Gleichgewicht und ihren Frieden. Sie muss mit der Wurzel ausgerodet werden."

Das ist schwer, und dennoch ist es ihm gelungen in einem ganz außergewöhnlichen Maße. Wie Lehm und Gold sich in seiner Vorstellung in eins wandelten, so gingen ihm „Ich" und „Mein" wechselnd über in „Du" und „Dein"; beides wurde Eines in einem viel Höheren: Im universellen Ich, welches alles in allem ist, ohne ein Zweites. Dies bezeichnete er gelegentlich als das „reife Ich" im Gegensatz zum „unreifen Ich", das heißt dem engen beschränkten erkenntnislosen Ich des individuellen Seins. So vollkommen hatte er sich hineingelebt in diese Tiefenschau, dass er von sich selbst nicht mehr reden mochte mit „Ich" oder „Mein", sondern zu sagen pflegte „dieser Leib" statt „mein Leib" oder „Meine Mutter (nämlich Kali) will es" statt „Ich will es"; auch sagte er nicht etwa „Komm zu mir", sondern bloß „Komm hierher" usw.

Er war eben schon in diesem leiblichen Dasein hinausgewachsen über das Leibes-Sein. – Geriet er einmal in Versuchung, es zu vergessen, so gebrauchte er drastische Mittel, sich alsbald rückzubesinnen. Als einstens ein reicher Schüler ihm ein kostbares Tuch verehrte und auch gleich umhängte, warf der Beschenkte es wenige Augenblicke danach in den Schmutz und schalt sich selbst: „So geschieht dir wahrlich recht, selbstsüchtiger Tor."

Eine Reihe von Jahren war Sri Ramakrischna der Verkünder profunder Weisheit vor einer ihn umdrängenden Zuhörerschaft. Zumal nachdem der weitbekannte und berühmte Begründer der Brahma-Samadsch, Keschub Tschunder Sen, einen kurzen Abriss der Lehren und Aussprüche Ramakrischnas veröffentlicht hatte, wuchs der Zudrang der Besucher immer mehr und mehr, namentlich auch aus den gelehrten und vornehmen Kreisen Kalkuttas. Unermüdlich in nie versagender Güte lehrte er und sprach und gab hin von seinem Geist. „Seine Aussprachen und Unterredungen sind ein beständiges Hervorbrechen innerlich lohender Feuerflammen; sie währen regelmäßig viele Stunden lang. Während seine Zuhörer müde werden, ist er, obgleich äußerlich schwach, so frisch wie vordem", sagt von ihm Protap Tschunder Mozoomdar.

Zwanzig von den vierundzwanzig Stunden des Tages konnte er sprechen, und dies durch Monate hindurch, wie seine Schüler zu berichten wissen. –

47

Bis der sterbliche Leib der Last erlag. – Anfangs 1885 spann sich ein Kehlkopfleiden an, die Predigerkrankheit. Trotz dringenden ärztlichen Rates legte der Erkrankte sich keine Schonung auf. Das Leiden entwickelte sich zum Kehlkopfkrebs. Als er einmal gefragt wurde: „Du bist ein großer Jogin, Herr, warum wendest du deine Seelenkräfte nicht deinem Leibe zu, um deine Krankheit zu heilen?", da antwortete er: „Freund, ich dachte du wärest ein Weiser, und nun redest du wie die Weltkinder reden. Diese Seelenkräfte sind dem Herrn geweiht; willst du sagen, ich sollte sie wieder zurücknehmen und dem Leibe zuwenden, der nichts anderes ist als ein Gefängnis der Seele?"

Als das Gerücht von der hoffnungslosen Erkrankung Ramakrischnas, des Hochverehrten, sich verbreitete, war der Zulauf von überall her ungeheuer. Genießen doch in Indien, wie sonst wohl nirgends in der Welt, große Propheten und Lehrer schon bei Lebzeiten geradezu göttliche Verehrung. Unzählige wünschen auch nur den Saum ihres Kleides berühren zu dürfen. Ein Bild aus der Zeit Christi noch in unsern Tagen – wenn auch im fernen Indien!

Der mit dem Leibestode bereits Gezeichnete ließ nicht nach, zu den Scharen zu sprechen. Von niemand ließ er sich daran hindern. Zuletzt äußerte er den Wunsch, einen Tag lang liegen zu bleiben. Das tat er. Mit einem heiligen Spruch auf den Lippen trat er ein in Samahdi, um nicht wiederzukehren in die Welt dieser Zeitlichkeit. Es war der 16. August 1886 in den Gärten des Tempels zu Dakschineswar.

Der Prophetengeist Ramakrischnas wirkte fort. Eine Schar junger Leute, viele davon aus den ersten Familien des Landes, haben das Weltleben aufgegeben, um sich dem Werke des Meisters, der unsichtbar unter ihnen lebt, ganz zu widmen. Wohl hatte man versucht, sie von ihrem Vorhaben zurückzuhalten. – Vergebens. Ihre Nahrung in den Straßen und Häusern der Städte und Dörfer erbettelnd, trugen sie die Kunde des geliebten Meisters über ganz Indien hin. Und wohl darüber hinaus. Svami Vivekananda, der bedeutendste und eifrigste Schüler Ramakrischnas, hat durch seine Vorträge in Nordamerika und in England und durch seine literarische Tätigkeit überall, wo er hinkam, Seelen geweckt. Er ist der eigentliche Verkünder östlicher Weisheitslehre an den Westen.

Die kleine Schar ist groß geworden. Sie hat Klöster, Werke der Sammlung und der Liebe großzügigster Art geschaffen.

Ein Bericht des Brahmatscharin Gurundas (Mr. Heyblom) in der Zeitschrift „Prabuddha Bharata" (Jänner 1907) liegt mir vor über die Mönchssiedelung

Belur bei Kalkutta, dem Hauptquartier der Ramakrischna-Mission. Zunächst ist hier ganz allgemein der bei uns geläufige Begriff des Mönches in wichtigen Punkten umzugestalten, wenn er auf den indischen Sannjasin Anwendung finden soll. Der indische Mönch ist nicht Klosterinsasse in unserem Sinne, sondern er wandert von Ort zu Ort, von Haus zu Haus, um seinen kargen Lebensunterhalt zu erbetteln. Aber das Wort „erbetteln" ist wiederum etwas missverständlich, denn nicht ihm, dem Nehmenden, wird nach indischer Anschauung die Wohltat erwiesen, sondern umgekehrt, eher dem Schenkenden – dadurch, dass er einem Asketen und Heiligen geben darf.

Der Mönch hat keinerlei feste Wohnstätte, er nächtigt im Freien oder je nach Gelegenheit in einem Hause, das es sich zur Ehre anrechnet, ihn zu beherbergen.

Ramakrischna sagt in einem volkstümlichen Gleichnis: „Die Jogins und Sannjasins sind wie die Schlangen. Die Schlange gräbt sich kein Loch, sondern sie lebt in dem Loche einer Maus. Wird ein solches unbewohnbar, so sucht sie ein anderes auf. So bauen sich auch die Jogins und Sannjasins keine Häuser; sie nehmen ihren Aufenthalt in den Wohnungen anderer Leute, heute in der, morgen in jener." – Erst die Notwendigkeit eines Sammelpunktes und einer einheitlichen Leitung für die Mission führte zu Klostergründungen.

Das Leben nun in diesen Klöstern weicht wesentlich ab von den Vorstellungen, die wir uns vom Leben in einem Kloster zu machen pflegen. Wir denken, dem Frömmigkeitsideal der katholischen Kirchen entsprechend, an tiefernste Bußstimmung, an Düsternis und Todesmahnung. Der Gekreuzigte und sein letztes Gericht über die Welt mit der ewigen Himmelsseligkeit der einen, den ewigen Höllenqualen der andern, geben dem abendländischen Klosterleben seinen Charakter und bestimmen die Motive, die zum Eintritt ins Kloster bewegen. Dem Inder sind diese Ideen fremd. Wenn er das Leben des Mönches erwählt, so ist es, um sein kleines, illusionäres Ich erfolgreich zu überwinden und zur Erkenntnis des Absoluten zu gelangen, diese Erkenntnis dann wirken zu lassen von Mensch zu Mensch, auf unsichtbaren Bahnen, und das Verhältnis der Menschen zueinander danach zu gestalten. Nicht die Sünde, sondern die Unvollkommenheit, die Erkenntnisblindheit, das Befangensein in der Welt der Nichtigkeit und Scheinhaftigkeit ist der zentrale Begriff der indischen Religionsweisheit. So ist denn das Klostergebäude in Belur bei aller Einfachheit hell und luftig, offen und frei. In brüderlicher Gemeinschaft

leben die Mönche. Ohne rituellen Zwang, ohne strenge Vorschriften, anerkennt ein jeder den andern in seiner Eigenart. Die Brahmanenschüler verehren die eigentlichen Mönche als ihre Väter und erweisen ihnen jegliche Dienstleistung ohne Buß- und Knechtgesinnung, ganz aus freien Stücken, allein aus der umgebenden Atmosphäre heraus. Freudig und selbstlos folgt ein jeder dem Ruf, der an ihn ergeht, die Kranken aufzusuchen und zu pflegen, den Hungrigen Nahrung zu bringen, den Betrübten Trost zu spenden, die Obdachlosen zu beherbergen, oder die Botschaft göttlichen Erlebens zu tragen in alle Länder und zu allen Völkern. In einer kleinen Kapelle wird jeden Morgen und Abend eine schlichte Andacht gehalten, Blumen werden der Gottheit geweiht, Opfergaben auf den Altar gelegt. Gott wird verehrt als das All-Wesen, welches sich kundtut in allerlei Verkörperungen. Das einzige Erfordernis ist ein Leben – geführt in reiner All- und Menschenliebe. An den Sonntagen kommen aus dem nahen Kalkutta viele nach Belur, um mit den Mönchen Unterredung zu pflegen. Welch freie, weitherzige Gesinnung in diesen Ramakrischna-Klöstern herrscht, ist zu ersehen in einer Abhandlung in „Prabuddha Bharata" (September 1906) von einer Schülerin Vivekanandas, Sister Nivedita (Miss Margaret Noble), die über das nämliche Kloster zu Belur berichtet, es gäbe dort unter den Mönchen welche, die jeglichen Kult und alle Zeremonien verwerfen, ja die Religion des einen von ihnen könne als Atheismus bezeichnet werden, gemäßigt durch Heldenverehrung. Eines andern religiöse Übungen legten ihm schier unerträgliche Lasten auf. Etliche lebten in einer Ander-Welt von Visionen und Wundern. Wiederum andere hielten nichts hiervon, sondern bewegten sich lediglich in den nüchternsten logischen Gedankengängen. Die Tatsache aber, bemerkt die Verfasserin sehr richtig, dass diese alle zusammen in einer geschlossenen Bruderschaft leben können, gibt Zeugnis davon, wie sie erfüllt sind von der Anerkennung des Rechtes eines jeden, seine eigenen Wege zu gehen – im Gegensatz zu gewissen altindischen Formen von Autorität, vor allem aber im Gegensatz zur Art des Abendlandes, allen anderen immer die eigene Meinung und Überzeugung von Gut und Wahr aufdrängen zu wollen.
Und noch einer uns fremden Eigentümlichkeit jener Klostersiedelungen, beispielsweise der Adwaita Aschrama in den Majawati-Vorbergen des Himalaja, sei erwähnt. Sie bildet nicht nur Brahmanenschüler und Missionare aus, und gibt Waldeinsiedlern eine Stätte, ihrer Meditationen zu pflegen, sondern in ihr ist auch Raum für Verheiratete mit ihrem Haushalt, also solche, die der zweiten Stufe der vier Lebensperioden angehören.

Quellender Segen der Liebestätigkeit ist in wenigen Jahren bereits ausgegangen von diesen Ramakrischna-Siedelungen. So wurde in Benares, der heiligsten Pilgerstadt der Welt, ein Ramakrischna-Heim gegründet, zum Dienste an den Kranken und Siechen, den Hungernden und Sterbenden, die Jahr für Jahr dahinkommen, um zu schauen und zu beten an den Ufern und in den Fluten des Ganges, und dann zu sterben. Graf Keyserling ist dort gewesen und sagt darüber in seinem bestbekannten „Reisetagebuch eines Philosophen", 1. Band, S. 295: „Diesen Tag habe ich mit den Mitgliedern der hiesigen Ramakrischna-Mission verbracht. Die hat ein Asyl gegründet, in welchem die zum Sterben nach Benares Gekommenen Heimstatt und Pflege finden können. Wenige Kranke kämen wohl von selber darauf, um Aufnahme nachzusuchen; dazu dünkt ihnen ihr körperliches Leiden nicht wichtig genug. Aber eine bestimmte Anzahl Mitglieder der Mission macht täglich die Runde durch die Gassen der Stadt und sammelt die Siechen ein, deren Zustand ihnen am schlimmsten scheint. Nie habe ich in einem Krankenhaus geweilt, in dem eine freudigere Stimmung geherrscht hätte; die Heilsgewissheit versüßte aller Leiden. Und die Qualität der Nächstenliebe, welche die Pfleger beseelte, war exquisit. Diese Menschen sind wahrlich echte Nachfolger Ramakrischnas, des Gotttrunkenen. Voll Liebe und doch allverstehend, unfanatisch. So wie alle Menschenfreunde sein sollten."

Wie die Jahresberichte zeigen, werden in diesen Spitälern und in der auswärtigen Pflege nicht etwa nur Hindus verpflegt, obgleich sie, wie selbstverständlich, an Zahl weit überwiegen, sondern auch Mohammedaner, Parsen, Christen u. a. Von einem dieser Spitäler (in Kankhal) wurden im Jahre 1904 etwa 2500 Patienten behandelt, 56 in einem zu diesem Zwecke gemieteten Hause, die übrigen in ihren Wohnungen und Herbergen.

Allenthalben im Lande werden die Armen gespeist. So wurden im Jahre 1906 in Bengalor an ungefähr ebenfalls 2500 Menschen Speisen verteilt. Zu Zeiten besonderer Notstände: Hungersnot, Erdbeben, werden Missionare ausgesandt, die den Leidenden Hilfe bringen.

So nimmt Ramakrischnas, des Heiligen und Propheten, Geist seinen Gang im Werden der Menschheit.

Er bedeutet für Indien den Beginn einer großen religiösen Erneuerung, und kein Wunder, wenn er heute dort von Unzähligen als die letzte Inkarnation der Gottheit verehrt wird. Er ist einer von den Gotterfüllten, die von Epoche zu Epoche ins Erdendasein treten, um der Welt ihren Sinn zu künden. Ein Bürger zweier Welten: Die Wunder der Überwelt erschauend, wusste er in ihr allein die Wurzeln seiner Kraft gegründet, und dennoch diente er auch wieder in unendlicher Liebe den Menschen. – Uns Europäern aber vor allem tun sich neue Aspekte auf: Blicke in eine kaum geahnte mystisch-magische Ander-Welt, Erkenntnisse einer religiösen und sittlichen Hochkultur, die von der uns gewohnten grundverschieden ist, aber in ihrer edlen Menschlichkeit und schrankenlosen Weitherzigkeit das höhere Recht für sich in Anspruch nehmen dürfte.

Dass es solche wahrhaftig Gottschauende – wir nennen sie Propheten – gab und immer wieder gibt, das erst verleiht dem Dasein seinen Wert, weist ihm die höhere Bestimmung, deutet ihm den geheimnisvollen Grund an.

Noch immer aber sind die Propheten aus den Ländern der aufgehenden Sonne gekommen.

*

Die in dieser Lebensbeschreibung gebrachten Angaben sind so zuverlässig wie geschichtliche Überlieferungen aus jüngster Zeit eben sein können. Sie sind bezeugt teils durch Sri Ramakrischnas eigene Aussagen, teils durch die seiner zum Teil noch lebenden Schüler und Freunde. Nur solche Angaben sind hier verwertet worden, nicht aber allerlei zweifelhafte Anekdoten und Legenden, die sich naturgemäß sehr bald auch an die Geschichte dieses Geistes-Großen geknüpft haben und eine Kontrolle nicht zulassen oder nicht vertragen.

Die folgenden Aussprüche des Meisters sollen weiter einführen in die Tiefen seiner heiligen Erkenntnis und wundersamen Lebensklugheit. Ich ordne sie in Gruppen an, obzwar sie ursprünglich dem gegebenen Augenblick ihr Dasein verdanken. Schon darum ist eine peinlich genaue Sonderung dieser Gruppen nicht durchführbar und auch gar nicht beabsichtigt, denn sie fließen ja naturgemäß ineinander über. Als Quellen für beide Teile dieser Arbeit sind benutzt worden Professor Max Müllers, des bekannten Oxforder Sanskritisten und Indologen: „Ramakrishna, His Life and Sayings" (London 1898, zuletzt gedruckt 1916), Swami Vivekananda „My Master" (New York 1901), mehrere Jahrgänge der indischen Zeitschrift „Prabuddha Bharata" (Mayavati) u.a.

Die indischen Namen und Worte habe ich deutsch transkribiert, so dass der Leser sie ohne Mühe einigermaßen richtig aussprechen kann. Lange Vokale sind mit Dehnungszeichen versehen beim ersten Vorkommen des betreffenden Wortes, e und o sind immer lang. Besonders zu bemerken wäre nur, dass das h in den indischen Worten, z. B. in Brahman, immer deutlich gesprochen wird und niemals Dehnungszeichen ist.

Einige kurze Anmerkungen zu den Aussprüchen sind diesen in eckigen Klammern eingefügt.

Seine Lebensweisheit

DAS EINE UND DIE VIELEN

„Der weltlich gesinnte Mensch gleicht einem Wurme, der immerwährend im Schmutze lebt und darin stirbt ohne die Idee von einem Höheren. Der gute Mensch der Welt gleicht einer Fliege, die bald auf dem Schmutze sitzt, bald auf Zuckerwerk. Indes die freie Seele des Jogin der Biene gleicht, die immerdar Honig trinkt aus Gottes heiliger Gegenwart, und nichts sonst."
Hierin liegt beschlossen die Lebensweisheit des Propheten. Suchen und Finden der Gottheit, des höchsten Selbst, des Einen: Dies ist das Grund-Anliegen des gottberührten Menschen. „Wie ein Stück Blei, in ein Gefäß mit Quecksilber getan, alsbald darin zerfließt, so gibt die Menschenseele ihr individuelles Dasein auf, sobald sie fällt in das Meer Brahman." Auf die Frage: „Gott ist unendlich, die Kreatur oder die Einzelseele aber ein endliches Ding; wie kann denn das Begrenzte das Unbegrenzte erfassen?", ergeht die uns nicht mehr fremde Antwort: „Die Einzelseele gleicht einer Salzpuppe, die den Versuch macht, die Tiefe des Ozeans zu ermessen. Während sie untertaucht, löst sich das Salz im Wasser auf und verschwindet. Gleichermaßen die Einzelseele, die da Gott zu ermessen sucht: sie verliert ihr individuelles Ich und wird Eins mit ihm."
„Höchstes Wissen führt hin zu diesem Einssein, Unwissen dagegen führt zum Vielsein."
Der Erkennende weiß:
„Ein jegliches Sein, das da ist, ist Gott. Es sei ein Mensch oder ein Tier, ein Weiser oder ein Schurke, das ganze Weltall ist Narajana: Der höchste Geist."
Diesen Ausspruch des Meisters hatte ein Schüler dem Buchstaben nach genommen und nicht im richtigen Verstand. Als ihm nun in einer Straße ein Elefant begegnete und der Treiber von seinem Sitze aus ihm zurief „Weg da! Weg da!", da überlegte er bei sich: „Warum sollte ich ausweichen? Bin ich doch Gott und der Elefant ist es auch. Sollte Gott sich vor sich selber fürchten?" Also wich er nicht aus. Da packte ihn der Elefant mit dem Rüssel und schleuderte ihn zur Seite. Er hatte ernstlich Schaden gelitten

und berichtete dem Meister den Vorfall. Dieser sprach: „Gewiss du bist Gott; der Elefant ist auch Gott; jedoch hat Gott dich auch in der Gestalt des Treibers gewarnt. Weshalb hast du seiner Warnung nicht geachtet?" Oder ein anderes:

„Es ist wahr, selbst im Tiger ist Gott; aber deshalb brauchen wir nicht hinzugehen und dem Tiger in den Weg zu treten. Es ist auch wahr, dass Gott selbst in den Verruchten wohnt, aber es taugt nicht, sich in die Gemeinschaft des Ruchlosen zu begeben."

Von gleich wunderbarer Folgerichtigkeit zeugen Aussprüche wie:

„Gott sagt dem Dieb: „Geh hin und stiehl", und zu gleicher Zeit warnt er den Hausvater vor dem Dieb."

„Gott spricht: „Ich bin die Schlange, welche beißt und bin der Zauberer, welcher heilt. Ich bin der Richter, welcher verurteilt und bin der Henker, welcher peitscht."

Eine Konsequenz, die zu fassen europäischem Denken nicht leicht wird. Es bedarf einer ganz vorurteilslosen Einstellung und transzendenten Tiefe, um hier folgen zu können. Brahman, das Eine, Zweitlose, steht über Gut und Böse! Auch hat der Inder – noch einmal sei daran erinnert – nicht den Sündenbegriff, der uns geläufig ist. Sünde ist Unwissen, und alles was Erkenntnis hindert, was das Licht zudeckt, dass es nicht leuchten kann. Auch ist hier die gewaltige Idee von Gottes absoluter Allwirksamkeit am Werk – aber allerdings nicht in der geradezu gotteslästerlichen Barbarei des Glaubens an die Vorherbestimmung der einen zur ewigen Seligkeit, der andern zur ewigen Verdammnis, wie Augustin und Luther und Calvin gelehrt haben. Indische Weisheit kennt nur den Ablauf der Kette des Geschehens und ihrer Entsprechungen von Ursache und Wirkung in der Lehre vom Karma, welches sich erschöpft, wenn die Vollendung erreicht ist in Brahman.

Nur der wahrhaft Erkennende weiß um die Einheit; der Nichterkennende wird nur die Vielheit gewahr.

„Ist Gott allgegenwärtig, warum sieht ihn nicht jedermann? – Stehst du am Ufer eines Teiches, der überwuchert ist von allerlei Gewächs, so wirst du sagen, er hat kein Wasser. Willst du das Wasser sehen, musst du zuvor das Pflanzengewirr entfernen von der Oberfläche des Teichs. Mit Augen, verhüllt vom Gewebe der Maya, beklagst du dich, du könntest nicht Gott sehen. Wünschest du ihn zu sehen, tue zuvor ab von deinen Augen das Gewebe der Maya."

„Wie die spielenden Fische in einem mit Schilf bedeckten Teich von außen

nicht wahrzunehmen sind, so hat Gott sein unsichtbares Spiel im Herzen des Menschen verborgen durch Maya vor dem menschlichen Blick."
Aber:
„Sobald Maya entdeckt ist, fliegt sie auf und davon." – „Ist es dir gelungen, die große Täuschung Maya zu enthüllen und zu erkennen, so flieht sie von dir hinweg, wie ein Dieb davonrennt, sobald er nur entdeckt ist."
Vor der transzendenten Erkenntnis, dem metaphysischen Gottwissen, zergeht sie in nichts. Dem Nochnichterkennenden ist die Gottheit gehüllt in das Scheingewand der Maya." – „Viele sind der Namen Gottes und endlos die Gestalten, unter denen er sich offenbart. Unter welcherlei Namen und Gestalten ihr ihn verehren möget, in eben diesen kommt er zur Wirklichkeit."
In einem überaus treffenden Buddha-Gleichnis macht der Meister dies klar:
„Vier Blindgeborene wollen die Gestalt eines Elefanten kennen lernen. Der eine betastet ein Bein und sagt: „Der Elefant gleicht einer Säule." Der zweite betastet den Rüssel und spricht: „Der Elefant gleicht einer starken Keule." Der Dritte befühlt den Leib des Tieres und erklärt: „Der Elefant ist wie eine riesige Flasche." Der vierte ist an die Ohren geraten und behauptet, der Elefant gleiche einer Getreideschwinge. Und nun begannen die vier heftig zu streiten über die Gestalt des Elefanten. Ein Vorbeigehender fragt nach dem Gegenstand des Streits. Sie berichten ihm alles und bitten ihn um sein Urteil. Er sagt: „Keiner von euch kennt den wirklichen Elefanten. Der Elefant gleicht weder einer Säule, noch einer riesigen Flasche, noch einer Getreideschwinge, noch auch einer starken Keule. Vielmehr seine Beine sind wie Säulen, sein Leib ist wie eine Riesenflasche, seine Ohren gleichen einer Getreideschwinge, sein Rüssel ist wie eine starke Keule. Der Elefant aber ist die Vereinigung von dem allen!" – In der nämlichen Weise streiten die Menschen untereinander, von denen ein jeder einen Teilanblick von Gott hat." – „Gott ist formlos und geformt zugleich. Er ist mehr als Form und Formlosigkeit. Er allein vermag zu sagen, was darüber hinaus er ist."
„An einem gewissen Punkte des Pfades der Frömmigkeit findet der Fromme Genüge an Gott in Gestalt; an einem andern Punkte an Gott ohne Gestalt."
„Gott ist das absolute und ewige Brahman, zugleich aber auch der Vater des Alls. Das unteilbare Brahman ist gleich einem Ungeheuern uferlosen Ozean, ohne Grenze und Schranke, in dem ich bloß ringen und sinken kann. Bin ich aber bei der immer schaffenden persönlichen Gottheit – so

habe ich Frieden, gleichwie der Sinkende, wenn er dem Ufer naht."

„Gott in Gestalt ist sichtbar, ja man kann ihn berühren von Angesicht zu Angesicht, genau wie einen lieben Freund."

„Das Feuer hat keine bestimmte Gestalt, jedoch in glühender Kohle nimmt es gewisse Formen an und das formlose Feuer ist dann in Form gebracht. Ähnlich kleidet der formlose Gott sich bisweilen in bestimmte Formen."

„Einmal erhob sich am Hofe des Maharadschah [indischer Großfürst] von Burdwan ein Streit unter den Gelehrten, welches wohl die größte Gottheit sei, Schiwa oder Wischnu. Etliche gaben Schiwa den Vorzug, andere dem Wischnu. Als der Streit heftig wurde, sprach ein weiser Gelehrter, an den Radscha sich wendend: „Herr, noch niemals habe ich Schiwa, noch auch Wischnu gesehen; wie sollte ich da sagen können, welcher der größere ist von beiden!" Damit endete der Streit, da keiner der Disputierenden in Wahrheit je die Götter gesehen hatte. Hat jemand Gott wirklich geschaut, so ist er zur Erkenntnis gelangt, dass alle Gottheiten Offenbarungen sind eines und desselben Brahman."

„Gleichwie ein und dieselbe Substanz von verschiedenen Leuten verschieden benannt wird – die einen nennen sie Wasser, die anderen Wari, wieder andere aqua und wieder andere pani: So wird der Eine angerufen von diesem als Gott von jenem als Allah, von andern als Hari, wieder von andern als Brahman."

Und:

„Wie von ein und derselben Substanz Gold mancherlei Ornamente gemacht werden in verschiedenen Formen mit verschiedenen Namen, so wird der eine Gott verehrt in verschiedenen Ländern und Zeiten unter verschiedenen Gestalten und Namen. Gleichwohl, mag er noch so mannigfaltig verehrt werden, von den einen als Vater, von andern als Mutter und so fort, so wird in all diesen Gepflogenheiten und Weisen dennoch nur der Eine verehrt."

„Es ist Gott selbst, der die verschiedenen Formen seiner Verehrung vorgesehen hat. Der Meister des Alls hat dies geordnet mit Rücksicht auf die verschiedenen Stufen der menschlichen Erkenntnis. So richtet eine Mutter die Speisen für ihre Kinder so her, dass ein jedes erhält, was ihm wohlbekommt. Angenommen eine Mutter hat fünf Kinder. Soll sie einen Fisch zubereiten, so macht sie daraus verschiedenartige Gerichte. Das eine Kind bekommt die kräftige Brühe mit Fisch, ein anderes mit schwächerer Verdauung erhält nur ein weniges davon, für ein drittes bereitet sie den Fisch mit saurer Tamarinde, einem vierten brät sie den Fisch usw. Solcherart kann sie einem jeden Kinde geben, was gerade ihm zuträglich ist."

In einem Abendgottesdienst des Brahma-Samadscha, zu dem Ramakrischna gekommen war, wurde zu Gott gebetet als zur Mutter. Das war ganz im Sinne Ramakrischnas, da, wie er äußerte, die Liebe einer Mutter bei weitem größer sei als die des Vaters. Wiederum erhob sich die Frage: „Ist Brahman unsere Mutter, ist es dann mit oder ohne Gestalt?" Darauf Ramakrischna: „Was Brahman ist, ist auch Kali: Als untätig gedacht, wird es Brahman genannt; als tätig, schöpferisch, erhaltend und zerstörend, wird es Schakti [Kraft] genannt. Brahman mag verglichen werden mit einem stillen Wasser, Schakti oder Kali mit einem in Wellen sich brechenden Wasser. Kali ist gestaltet, sie ist jegliche Gestalt und ist auch ohne Gestalt. Glaubst du, sie sei ohne Gestalt, so meditiere über sie in dieser Weise. Hältst du beim Nachsinnen über meine Mutter fest an einer schaubaren Gestalt, so wird sie selbst dich kennen lehren, was sie sei. Dann wirst du erfahren, dass sie nicht nur bloße Existenz ist. Sie wird vielmehr kommen und mit dir reden, so wie ich mit dir rede. Habe ganzes Vertrauen und alles wird dir werden . . . Glaubst du an Gottes Gestaltlosigkeit, nun so mache fest solchen Glauben. Jedoch mache kein Dogma daraus. Behaupte niemals eigensinnig, Gott könne bloß dies und nicht jenes sein. Sprich: Ich für meinen Teil glaube, er sei ohne Gestalt. Ich weiß aber nicht, ich verstehe nicht. Er allein weiß, was er noch außer diesem ist. Kann Gottes Natur erfasst werden durch den kleinen Menschenverstand? Kann ein Becher, der bloß ein Maß Milch fasst, deren vier fassen? Hat Gott die Gnade, jemand sich zu offenbaren und seine göttliche Natur ihn wissen zu lassen, dann kann er verstanden werden, sonst nicht."

Und weiter in derselben Unterredung auf die Frage, ob die Gottheit und ihre Kraft voneinander verschieden seien:

„Sie sind identisch, sobald die Erkenntnis des Absoluten gewonnen ist. So ist ein Edelstein und sein Feuer ein und dasselbe. Denkt man an das Feuer des Edelsteins, so muss man notwendig an den Stein mitdenken. Auch die Milch und ihre Weiße sind ein und das nämliche. Wer an das eine denkt, muss auch an das andere mitdenken. Solches Wissen der Identität kann erst mit dem Erleben des Absoluten kommen. Dieses Erleben ist Samadhi. In ihm hören auf die vierundzwanzig Kategorien des Seins, und nicht einmal das Ich bleibt bestehen. Was in Samadhi erfahren wird, ist unsagbar. Wer von Samadhi kommt, vermag bloß eine blasse Idee zu geben von dem Erlebten. Wenn mein Samadhi zu Ende geht und ich „om om" spreche, so bin ich bereits hundert Stufen abwärts gesunken. – Brahman ist jenseits der

Weden und Schastras [die heiligen Schriften der Inder], er ist jenseits aller Sagbarkeit. Da ist weder „Ich" noch „Du". Solange als noch vorhanden ist Ich und Du, solange das Bewusstsein besteht, dass ich bete oder meditiere, ebenso lange bleibt auch noch das Bewusstsein, dass Gott meine Bitte hört, das Bewusstsein, dass Gott eine Person ist. Solange bleibt das Bewusstsein „du bist der Meister, ich der Diener", „du bist das Ganze, ich ein Teil", „du bist die Mutter, ich der Sohn" usw. „Ich bin ein Ding, du ein anderes": So will es die Unterschiedenheit. Er selbst ist es, der diese Unterschiedenheit verursacht. Von daher kommt der Unterschied zwischen Licht und Finsternis, zwischen Mann und Weib usw. Solange als diese Unterschiedenheit besteht, ist der persönliche Gott zu bejahen. Er ist es, welcher das „Ich" in uns schafft und nährt. Untersuche und unterscheide so viel du willst, das „Ich" wird nicht verschwinden. Also tut er selbst sich kund als Person. Solange als das Ich besteht, solange besteht die Unterschiedenheit und nicht kann man sagen, Brahman sei ohne Attribute . . . So legen die Schastras dem Brahman Attribute bei wie eben „Kali" oder „Urkraft."

„Nach der Lehre des Wedanta [der Hauptquelle altindischer Philosophie] ist Brahman die einzige Wirklichkeit, alles andere ist Maja, gleichwie die Dinge, die man im Traum sieht. Das Ich liegt wie ein Stecken im Ozean des wonnevollen Allwesens. Wird es herausgenommen, so bleibt der ungeteilte Ozean des wonnevollen Allwesens. Solange als der Stecken des Ich da ist, scheint der Ozean aus zwei Teilen zu bestehen. Mit der Erkenntnis des Brahman tritt man in den Zustand des Überbewussten ein. Dann ist das Ich erloschen."

„Einmal weckte jemand einen Holzhauer aus dem Schlaf. Darüber war dieser ärgerlich und sagte: „Warum hast du mich geweckt? Ich war eben ein König und Vater von sieben Söhnen. Sie alle waren wohlerzogen in Künsten und militärischen Wissenschaften. Und ich regierte vom Throne herab. Warum hast du mein glückliches Dasein zerstört?" Der andere erwiderte: „Was tut es denn? Es war doch bloß ein Traum." Der Holzhauer aber sagte: „Du verstehst nicht. Mein Königsein im Traum war ebenso wirklich wie mein Holzhauersein. Ist mein Holzhauersein wirklich, so ist mein Königsein im Traum nicht minder wirklich"."

Um aufs Dach zu gelangen, muss man hinter sich haben alle Stufen nacheinander. Das Treppenhaus ist noch nicht das Dach. Hat man aber das Dach erreicht, so nimmt man wahr, dass das Treppenhaus aus demselben Material hergestellt ist wie das Dach: Aus Backsteinen, Kalk, Mörtel usw. – Das höchste Brahman ist Leben geworden und Welt und die vierundzwanzig Qualitäten. Das Atman ist zu den fünf Elementen geworden. – „Warum dann ist die Erde so grobmateriell, wenn sie von Atman kommt?" Seinem Willen ist alles möglich. Werden doch Fleisch und Knochen aus Blut gebildet. Und wie fest wird selbst der Meerschaum!" Das größte aller Probleme ist hier erörtert: Das Eine und die Vielen. Alles ist Eins, woher das Viele?

Wesentlich hierher scheint mir ein anderes Wort von tiefstem philosophischen Gestalt zu gehören:

„Ein Mensch saß unter einem Wunschbaum und wünschte sich ein König zu sein und sofort war er ein König. Im nächsten Augenblick wünschte er ein reizendes Mädchen zu besitzen und sogleich war das Mädchen an seiner Seite. Dann dachte er bei sich selbst, wenn ein Tiger käme und zerrisse ihn und – wehe – im selben Augenblick befand er sich schon im Rachen eines Tigers. – Gott gleicht dem Wunschbaum: Wer in seiner Gegenwart denkt, er sei verlassen und arm, bleibt also, wer dagegen denkt und fest glaubt, der Herr erfülle all seine Wünsche, der erlangt alles durch ihn."

Die zwingende Macht und Schöpferkraft konzentrierten Wollens und Imaginierens! Das Viele also als imaginierte Schöpfung des Einen Geistes! – Hier liegt die Möglichkeit alles magischen Könnens. Es ist die letzte metaphysische Begründung aller verborgenen und auch der offenbaren Fähigkeiten und Kräfte: Dieses Einssein des Wollens und Seins mit dem überindividuellen höchsten Wollen und Sein.

Die Inkarnationen der Gottheit werden in der Hindureligion Avataras genannt. Der Inder kennt nicht nur eine Verkörperung Gottes, sondern viele, ja unzählige. Er weiß, dass ein Heiland oder Erlöser im Lauf der Jahrtausende nicht genügt, bei der Mannigfaltigkeit der Völker, dem Wechsel des Geschehens, dem Gang der Geschichte. Die Menschheit bedarf immer wieder der Heilande und Erlöser. – Über diese Avataras sagt Ramakrischna:

„Am Baume des unteilbar Einen wachsen zahllose Früchte, wie Rama, Krischna, Christus usw. Einer oder zwei davon kommen in bestimmten Perioden in diese Welt hernieder und bewirken mächtig große Umwälzungen."

„Ein Avatara oder Heiland ist der Gesandte Gottes. Er ist wie der Vizekönig eines mächtigen Monarchen. Wie wenn in einer abgelegenen Provinz ein Aufruhr entstanden ist und der Monarch seinen Vizekönig hinschickt, um Ruhe zu schaffen: Also sendet Gott seinen Avatara, wenn in einem Teil der Welt die Empörung der Religionslosigkeit sich erhoben hat."

„Ein vollkommener Mensch gleicht einem, der den Schutt von einem alten Brunnen abträgt, welcher infolge langen Nichtgebrauches mit Geranke überwuchert ist. Der Avatara dagegen gleicht einem Ingenieur, der einen neuen Brunnen bohrt, an einer Stelle, wo vordem kein Wasser war. Große Männer können Erlösung bringen bloß solchen, welche die Wasser der Pietät und Güte in sich verborgen tragen, ein Heiland erlöst aber auch solche, deren Herz aller Liebe bar ist und trocken wie eine Wüste."

Und nun wieder die große Einheitsidee:

„Der Avatara ist immer ein und derselbe. Tauchend in den See des Daseins, ersteht er an einem Ort als Krischna, dann wieder untertauchend an einen andern Ort als Christus."

„Die Avataras verhalten sich zu Brahman wie die Wellen zum Ozean."

Jedoch:

„Man denke nicht, dass Rama, Sita, Krischna, Radha, Ardschuna [Rama und Krischna sind Inkarnationen Wischnus, Sita des ersteren Gattin, Radha des letzteren Geliebte, Ardschuna ist einer der indischen Nationalhelden. Sämtlich bekannt aus den großen Epen Mahabharata und Ramajana.] usw. bloße Allegorien seien, nicht historische Personen, oder dass die heiligen Schriften wahr wären nur nach einem inneren esoterischen Sinne. Jene waren vielmehr menschliche Wesen von Fleisch und Blut, genau wie du auch; aber weil sie zugleich Gottheit waren, darum kann deren Leben sowohl geschichtlich dargestellt als auch sinnbildlich ausgelegt werden."

„Wie der Elefant zwei Reihen Zähne hat, nach außen die Stoßzähne, nach innen die Mahlzähne, so sind die Gottmenschen in ihrem Tun und Gehaben nach der Welt der Erscheinungen hin gleich wie alle andern Menschen, während ihr Herz und ihre Seele weit jenseits des Bereiches von Karma bleiben."

Wo wäre das Wesen des Gottmenschen vollendeter dargestellt als in diesen volkstümlichen Gleichnissen! Nach außen Erscheinung und sichtbare Aktion, nach innen das in sich gegründete Wesen geheimnisvoller Schöpferkraft.

„Die Fabel kennt eine Vogelart, genannt Homa. Sie lebt so nahe dem Himmel und liebt diese Sphäre so sehr, dass sie niemals zur Erde herniedersteigt. Die Eier, die in die Wolken gelegt, infolge der Schwere niederzufallen beginnen, werden ausgebrütet mitten auf dem Wege niederwärts. Die Jungen merken sofort, dass sie fallen und ändern augenblicklich instinktiv die Richtung und fliegen aufwärts, ihrer Heimat zu. – Menschen wie Narada, Joschuah, Sankaratscharja u. a. sind wie diese

Vögel, die schon in ihrer Kindheit alles Haften an den Dingen dieser Welt aufgegeben haben und ihre Zuflucht nahmen zu den höchsten Sphären wahrhafter Erkenntnis und göttlichen Lichts. Diese Menschen nennt man Nitja Siddhas." Wer nach oben schaut, ist unbeengt von den Schranken der Niederungen.

„Nicht sollst du gleichen dem Frosch im Tümpel. Er kennt nichts Größeres und Erhabeneres als seinen Tümpel. So sind die Frömmler: Nichts Besseres sind sie imstande zu sehen, denn nur ihr eigenes Glaubensbekenntnis."

„Das Riedgras gedeiht nicht in weiten, reinen Zisternen, wohl aber in stehenden, faulenden Wassertümpeln. Ähnlich bilden sich in einer Gesellschaft, deren Glieder beseelt sind von lauteren, weiten, selbstlosen Beweggründen keinerlei Cliquen, wohl aber treten solche sicher auf in einer Gesellschaft, deren Glieder der Ichsucht, der Unaufrichtigkeit, der Frömmelei ergeben sind."

DIE ICHSUCHT

„Das Wesen der Finsternis bildet die Ichsucht, geboren aus der Unwissenheit."

„Gott ist in allen Menschen, aber nicht sind alle Menschen in Gott: Dies ist die Ursache, weshalb sie leiden."

„Die Sonne vermag Licht und Wärme zu geben der ganzen Welt; aber nicht vermag sie es, wenn Wolken vor ihr stehen und ihre Strahlen aufzehren. Desgleichen wenn die Ichsucht im Herzen ist, kann Gott es nicht bescheinen."

„Des Nachts erblickst du viele Sterne, findest sie aber nicht mehr, sobald die Sonne aufgegangen ist. Kannst du deshalb behaupten, es gebe am Tageshimmel keine Sterne? Darum, o Mensch, sage auch nicht es gebe keinen Gott, weil du den Allmächtigen nicht schaust in den Tagen deiner Unwissenheit."

„Ein Polizist kann mit einer Blendlaterne jeden sehen, auf den er das Auge der Laterne richtet, aber niemand kann ihn selbst sehen, solange er das Licht nicht gegen sich selbst kehrt. Ebenso sieht Gott einen jeglichen, aber keiner sieht ihn, wenn nicht der Herr sich ihm in Gnaden offenbart."

Was ist das Ich?

„Erkenne dich selbst und du wirst kennen lernen das Nicht-Du und den

Herrn des Alls. Was ist mein Ich? Ist es meine Hand, oder mein Fuß, oder mein Fleisch oder Blut, oder meine Muskeln oder die Sehnen? Untersuche tiefer und du wirst erfahren, dass nichts da ist von einem Ich. Zerlege – wie bei fortschreitendem Schälen der Häute einer Zwiebel – das Ich und es wird sich zeigen, dass es keine Wesenheit gibt, die diesem Ich entspräche, dass als letztes Ergebnis einer solchen Untersuchung Gott allein übrigbleibt. Fällt die Ichheit ab, offenbart sich die Gottheit."

Aber auch die Gottheit als Person ist noch ein Ich, und darum:

„Das Menschsein muss sterben, bevor sich das Gottsein kundtun kann. Jedoch auch dieses Gottsein wiederum muss sterben, ehe die höhere Offenbarung der wonnevollen Mutter werden kann. Auf dem Leichnam der Gottheit [des Gottes Schiwa] tanzt die wonnevolle Mutter ihren himmlischen Tanz."

„Verderblich ist das Ich, das da den Menschen weltlich gesinnt macht und ihn an Wollust und Reichtum bindet. Der einzelne und das Allumfassende sind da und werden einander entgegengesetzt lediglich dank diesem Ich, welches sich in die Mitte stellt. Lege einen Stab auf eine Wasserfläche und das Wasser erscheint geteilt in zwei. Der Stab ist das Ich (aham). Nimm hinweg den Stab und es ist wieder die eine Wassermasse."

„Sinnt einer nach über das Ich und sucht es zu ergründen, was es sei, so sieht er, es ist nichts als ein Wort, das Selbstsucht bedeutet. Sich davon frei zu machen, ist außerordentlich schwer. Spricht dann einer: „Du verruchtes Ich, willst du gar nicht weichen, so bleibe denn als Diener Gottes" – dies ist das reife Ich."

Aber man gehe nicht irre hinsichtlich der Art dieses reifen Ich. Man mache es nicht etwa zu einem zweiten Ich, das gleich dem ersten nur sich selber sucht!

„Ein gelehrter Brahmane kam einst zu einem weisen König und sprach: „Höre o König, ich bin wohl bewandert in den heiligen Schriften. Ich möchte dich das heilige Buch des Bhagavata [eine Legendenschrift aus dem Wischnu-Kreise] lehren." Der König, der der weisere von beiden war, wusste wohl, dass ein Mensch, der den Bhagavata gelesen hat, eher danach streben würde, sein höheres Selbst kennen zu lernen, denn Ehre und Wohlleben an eines Königs Hof. Darum erwiderte er: „Ich sehe, o Brahmane, dass du selbst das Buch noch nicht völlig dir zu eigen gemacht hast. Gern will ich dich zu meinem Lehrer machen, doch gehe zuvor hin und lerne die Schrift recht." Der Brahmane ging, bei sich denkend: Wie töricht doch der König ist, zu behaupten, ich beherrschte den Bhagavata nicht recht, während ich das Buch doch ein über das anderemal gelesen habe all die Jahre her. Indessen er machte sich noch einmal sorgfältig an die Lektüre und erschien dann vor dem Könige. Dieser gab ihm den nämlichen Bescheid wie früher und schickte ihn weg. Der Brahmane fühlte sich schwer gekränkt, dachte aber, es müsse wohl eine besondere Bewandtnis haben mit diesem Verhalten des Königs. Er ging heim, schloss sich in sein Gemach und befleißigte sich mehr denn je des Studiums der Schrift. Allmählich ging ihm der verborgene Sinn der Schrift auf. Die Eitelkeit des Laufens nach Tand und Reichtum und Ehren, an Königs- und Fürstenhöfen, nach Wohlleben und Ruhm, all das schwand dahin vor seinem geklärten Blick. Von da an gab er sich gänzlich hin dem Streben nach Vollkommenheit im Dienste Gottes und kehrte nicht mehr zum König zurück. Ein paar Jahre darnach erinnerte sich der König des Brahmanen und ging zu dessen Haus, um zu sehen, was er machte. Da er ihn nun leuchten sah in göttlichem Licht und göttlicher Liebe, fiel er nieder auf seine Knie und sprach: „Ich sehe, du hast gefunden den Sinn der Schrift. Ich bin bereit, dein Schüler zu werden, wofern du dich herabzulassen gedenkst, mich als solchen anzunehmen."

„Allerlei Eitelkeiten mögen nacheinander absterben, aber die Eitelkeit eines Heiligen auf seine eigene Heiligkeit stirbt nur schwer."

„Welches ist das verderbliche Ich? Es ist das Ich, welches spricht: „Kennt ihr mich nicht? Ich habe so viel Geld, wer ist so reich wie ich? Wer wagt es, mehr sein zu wollen als ich?"

„Dünkelhaftigkeit würdigt tief herab. Sieh die Krähe, die als der klügste Vogel gilt und sich selbst dafür hält: Niemals geht sie in eine Schlinge, sie fliegt auf bei der geringsten Gefahr und stiehlt ihre Nahrung mit der größten Schlauheit. Doch das arme Geschöpf ist verurteilt, Unrat und Aas zu essen. Dies das Ergebnis der Überklugheit, der Weisheit des Winkeladvokaten."

„Eitelkeit gleicht einem Schutt- oder Aschenhaufen, auf dem das Wasser sofort eintrocknet. Gebete und religiöse Betrachtungen haben keinerlei Wirkungen auf ein von Eitelkeit geblähtes Herz."

„Das Regenwasser bleibt nicht stehen auf hochgelegenen Flächen, sondern fließt zur tiefsten Ebene hinab: So bleibt Gottes Gnade in den Herzen der Demütigen, läuft aber ab von den Herzen der Eitlen und Hoffärtigen."

„Diejenigen, welche auf Ruhm ausgehen, sind die Getäuschten. Sie vergessen, dass ein jedes Ding geordnet ist von dem großen Ordner des Alls, dem höchsten Wesen, und dass alles dem Herrn gehört und niemand

sonst. Darum spricht der Weise immerdar: „Du bist es, Du allein, o Herr", während der Unweise und der sich Täuschende spricht: „Ich bin es, Ich."
„Bei zwei Anlässen lächelt der Herr der Welt. Die eine: Jemand ist ernstlich krank und im Begriffe zu sterben. Der Arzt kommt und sagt zur Mutter des Kranken: Ach was, gar keine Ursache zur Besorgnis. Ich nehme es auf mich, deinem Sohn das Leben zu erhalten." Die andere: Zwei Brüder sind eifrig dabei, ihr Land unter sich zu teilen. Sie nehmen eine Messschnur, ziehen sie über das Erdreich und sprechen: „Dieses Stück ist mein, jenes ist dein"."

„Der Selbsterkenntnis unfähig sind alle diejenigen, welche ihrer Gelehrsamkeit sich rühmen, welche stolz sind auf ihre Erkenntnis, welche eitel sind auf ihre Reichtümer. Sagt jemand zu solchen Leuten: „Dort und dort ist ein vortrefflicher Sannjasin, wollt ihr nicht hingehen und ihn aufsuchen?", so werden sie sicher allemal eine Ausrede vorbringen, sie könnten nicht hin; aber in ihrem Innern werden sie denken, wie sollten sie, Leute von so hoher Stellung, zu jemandem gehen?"

„Solange die Ichsucht in einem Menschen vorhanden ist, ist weder Selbsterkenntnis noch Erlösung möglich, noch ein Ende des Geborenwerdens und des Sterbens."

Solange nämlich bleibt er verhaftet der Kette der Wiederverkörperung in verschiedenen Leibern, auf verschiedenen Daseinsstufen (Gesetz des Karma).

„Das Selbstbewusstsein ist von zweierlei Art: Es ist reif oder es ist unreif. Das erstere spricht: „Nichts von dem, was ich sehe, empfinde, höre, ist mein, berührt meine Wesenheit, ja nicht einmal dieser Leib ist mein: Denn ich bin ewiglich frei und allerkennend." Solches Bewusstsein entspringt dem reifen Ich. Während das unreife Ich den Menschen beständig sich fühlen lässt in Beziehung zu den vergänglichen Dingen der Welt. Er spricht: „Dies ist mein Haus, mein Weib, mein Kind, mein Leib. Solches Bewusstsein ist Ausdruck des unreifen Ich."

„Etliche große Seelen, die die siebente oder achte Ebene von Samadhi [die Grade oder Stufen der Samadhi-Versenkung sind verschieden hoch] erreicht hatten und untergetaucht waren in Gott, sind zum Wohle der Menschheit wieder herabgekommen von jener Geisteshöhe. Das Ich der Erkenntnis, das höhere Selbst ist ihnen zuteil. Das gewöhnliche Ich aber ist bloßer Schein. Es ist eine Linie, über eine Wasserfläche hingezogen."

„Ein reicher Mann hatte seinem Verwalter die Aufsicht über seinen Garten übertragen. Wenn nun Besucher kamen, so führte sie dieser sehr beflissen im Garten und dem anliegenden Hause umher und erklärte: „Dies, meine Herrschaften, sind unsere Mangobäume; dies sind unsere . . . usw. Hier sehen Sie unsere Empfangszimmer. Dort sind unsere Ölgemälde und andere Bilder, ganz herrlich, usw." Nun nehme man einmal an, dieser Verwalter wird von seinem Herrn ertappt, wie er gegen dessen Verbot im Garten Fische fängt. Was wird ihm widerfahren? Nun, er wird auf der Stelle aus dem Garten gewiesen werden. Und das ist dann derselbige Mann, der so eifrig sprach von „unserm dies und das" geredet hat. – Das „Mein" und „Unser" entspringt dem Nichtwissen der Wahrheit."

„Solange als ein Mensch noch nicht gesegnet ist mit dem Gottschauen, solange als das unedle Metall nicht in Gold gewandelt ist durch die Berührung mit dem Steine der Weisen, solange bleibt der Wahn des „Ich tue" bestehen und solange wird notwendig unterschieden werden zwischen „Ich habe diese gute Tat getan" und „Ich habe jene schlechte Tat getan". Diese Vorstellung der Zweiheit und des Unterschiedes ist die Maja, welche verantwortlich ist für den Fortbestand dieser Welt . . . Derjenige allein durchkreuzt den Ozean der Maja, welcher Gott schaut von Angesicht zu Angesicht: Welcher Gott erlebt. Derjenige erst ist wahrhaftig frei – wenngleich noch lebend in diesem Leibe –, welcher weiß, dass Gott der Allestuende ist, er selbst der Nichtstuende."

„Wasser, Reis und Kartoffeln werden aufs Feuer gestellt. Alsbald beginnen Reis und Kartoffeln sich zu bewegen und zu hüpfen, als ob jedes mit dem andern wetteiferte und stolz wäre, sich aus eigener Kraft bewegen und hüpfen zu können. Wenn Kinder das sehen, so meinen sie, jenes seien lebendige Wesen und daher bewegten sie sich. Aber diejenigen, die es besser wissen, erklären ihnen, dass Kartoffeln und Reis keine sich selbst bewegenden Dinge seien, dass ihre Bewegung von der Kraft des darunter befindlichen Feuers herrühre; löscht man das Feuer aus, so hört die Bewegung auf. – So stammt das Ichtum, welches den Gedanken „Ich tue es" hervorruft, aus der Unwissenheit her. Alles hat seine Kraft aus Gott: Alles steht still, sobald das Feuer weg ist. – Die Puppe tanzt in den Händen des Magiers; ist sie seinen Händen entglitten, so rührt sie sich nicht mehr."
Eine köstliche Legende:
„Ein Brahmane legte einen Garten an und sah nach ihm Tag und Nacht. Da geriet einmal eine umherschweifende Kuh in den Garten und weidete einen jungen Mangobaum ab, einen der wertvollsten Bäume. Der Brahmane sieht das Tier seinen Lieblingsbaum zerstören und schlägt es so heftig, dass es daran stirbt. Sogleich verbreitet sich die Kunde, der Brahmane habe das

geheiligte Tier erschlagen. Da leugnete der Beschuldigte, indem er behauptete: „Nicht ich habe die Kuh erschlagen. Meine Hand ist es, die es tat, und da Indra die Gottheit ist, welche die Hände leitet, so ist es Indra und nicht ich – falls jemand die Schuld zugemessen werden soll." Dies hörte Indra in seinem Himmel, nahm die Gestalt eines alten Brahmanen an, kam zum Besitzer des Gartens und fragte ihn: „Herr, wessen Garten ist dies?" – „Meiner", erwiderte der Brahmane. – „Ein schöner Garten," sagte Indra, „du hast eben geschickten Gärtner; wie hübsch und kunstgerecht hat er die Bäume gepflanzt!" – Darauf der Brahmane: „Nun, mein Herr, es ist mein Werk. Die Bäume sind gepflanzt unter meiner persönlichen Aufsicht und Leitung." – Indra sprach: „Wirklich? O, wie bist du klug. Aber wer hat diesen Pfad hier angelegt? Er ist vortrefflich geplant und hübsch ausgeführt?" – Der Brahmane gab zur Antwort: „All dies ist von mir gemacht." – Nun aber sagte Indra: „Wenn alle diese Dinge dein sind und du alles, was in diesem Garten geschieht, als dein Werk in Anspruch nimmst, so ist es doch ein hartes Los für den armen Indra, verantwortlich gemacht zu werden für die Tötung der Kuh."

„Wann erst bin ich frei? Wenn das „Ich" aufgehört hat. „Ich" und „Mein" ist Unwissen, „Du" und „Dein" ist wahre Erkenntnis. Der echte Heilige wird immerdar sprechen: „O Herr, du bist es, welcher schafft; du tust alle Dinge. Ich bin bloß eine Maschine, die tut, was du mich tun machst. Und alles ist dein Ruhm. Dies Heim und diese Familie sind dein und nicht mein. Ich habe bloß das Recht, deine Anordnung auszuführen."

Auf die Frage: Warum sind wir so gebunden und können Gott nicht sehen? – Ramakrischnas Antwort:

„Die Ichsucht ist die Maja für den Lebenden. Die Ichsucht schaltet das Licht aus. Bin ich gestorben, so hört alle Wirrsal auf. Ist aber durch Gottes Güte die Idee des „Ich bin der Nichttuende" fest gegründet im Herzen, so wird der Mensch frei bereits in diesem Leben und keine Furcht wandelt ihn mehr an."

„Die Blätter der Kokospalme fallen ab, hinterlassen aber allemal ein Zeichen am Stamm. Ähnlich bleibt, solange man einen Leib hat, immer etwas von der Ichsucht übrig, wie weit auch immer ein Mensch in der Geistigkeit fortgeschritten sein mag. Jedoch diese Spuren der Ichsucht binden einen solchen nicht an die Welt, noch bewirken sie, dass er wieder geboren wird."

Das sich immer und überall suchende individuelle Ich hat zum Gegenstande die Welt, an der seine Eigensucht erwacht, an der er hängt mit

66

allen Fasern, in der er sein Wesen begründet glaubt.

DIE WELTSUCHT

„Eine Gabelweihe hob sich in die Lüfte mit einem Fisch im Schnabel. Eine Schar von Gabelweihen und Krähen verfolgten sie mit fürchterlichem Geschrei und bedrängten sie nicht wenig. Sie versuchte auf alle mögliche Weise mit ihrer Beute zu entrinnen: Bald flog sie in die Höhe, bald ließ sie sich plötzlich herab, dann schoss sie in gerader Richtung dahin, dann aber wandte sie sich wieder mit einem Male – aber alles vergebens. Ihre Peiniger ließen nicht ab von ihr. Erschöpft und gequält ließ sie endlich den Fisch fallen, der sofort von einer der Weihen erfasst wurde, welche nun ihrerseits die Aufmerksamkeit der andern auf sich zog, so dass die erste in Ruhe gelassen wurde. Diese setzte sich auf einen Baum, um auszuruhen. Ein Aufseher, der die Vögel zu bewachen hatte, sah die Gabelweihe gelassen auf dem Baume sitzen, verneigte sich vor ihr und sprach: „Du bist mein Guru [Lehrer], o Gabelweihe, denn du hast mich gelehrt, dass der Mensch, solange er nicht von sich tut die Last der weltlichen Wünsche, nicht ruhevoll und in Frieden mit sich sein kann."
Ein Bild des Welttreibens mit seiner erbarmungslosen Jagd nach Beute und Genuss! Glückselig, wer ihm entronnen ist! Aber das ist über alle Maßen schwer.
„Sehen die Fische das Wasser glitzernd durch das Netz der Bambusfalle fließen, so gehen sie gar vergnügt hinein. Sind sie einmal darinnen, so sind sie gefangen und können nicht wieder heraus. So auch geraten die törichten Menschen in die Welt, angelockt durch ihren falschen Glanz; und wie es leichter ist, ins Netz hineinzukommen als wieder heraus, so ist es auch leichter, in die Welt hineinzugeraten als wiederum auf sie zu verzichten."
„Gier bringt Weh, wogegen Zufriedenheit ganzes Glück bedeutet. – Ein Barbier ging einst an einem von Dämonen gern aufgesuchten Baume vorbei, als er eine Stimme vernahm: „Möchtest du sieben Krüge voll Gold haben?" Der Barbier sah sich um, ohne jemand zu sehen. Die geheimnisvolle Stimme wiederholte die Worte und da nun im Barbier das Verlangen mächtig wuchs, sagte er laut: „Wenn der gnädige Gott so gütig ist, sogar eines armen Barbiers sich zu erbarmen, bedarf es da noch besonderer Worte der Annahme des so großmütigen Anerbietens?" Sogleich

kam der Bescheid: „Gehe heim, ich habe die Krüge bereits dahin getan." Der Barbier rannte voller Hast in sein Haus und war außer sich vor Freude, die versprochenen Krüge daselbst vorzufinden. Er öffnete einen nach dem andern und sah sie alle vollgefüllt, bis auf einen, der nur halb voll war. Nun entstand in ihm der Wunsch, auch diesen letzten Krug voll zu haben. Also verkaufte er die goldenen und silbernen Zierate, die er hatte, und verwandelte sie in Geld, das er in den Krug tat. Er begann nun mit seiner Familie zu hungern, um nur alle Ersparnisse in den Krug legen zu können – der jedoch so leer blieb wie ehedem. Sodann ging der Barbier den König an, seinen Lohn zu erhöhen, da der bisherige zu seinem und seiner Familie Unterhalt nicht ausreiche. Weil er ein Günstling des Königs war, gewährte ihm dieser seine Bitte. Der Barbier begann den ganzen Lohn und seine sämtlichen Einkünfte zu sparen und tat alles in den Krug – aber das gierige Gefäß zeigte keine Lust, voll zu werden. Jetzt begann er zu betteln und wurde unglücklich und elend wie nie. Als eines Tages der König seinen traurigen Zustand bemerkte, fragte er ihn: „Wie denn, als dein Lohn halb so groß war wie jetzt, da bist du viel glücklicher und froher gewesen, zufrieden und gesund, und nun mit dem doppelten sehe ich dich mürrisch, abgehärmt und niedergeschlagen. Was ist mit dir los? Hast du etwa die sieben Krüge Goldes erhalten?" Der Barbier war bestürzt, schlug die Hände zusammen und fragte den König, wer Seine Majestät über die Angelegenheit unterrichtet habe. Der König antwortete: „Wer den Reichtum eines Gelddämons annimmt, der verfällt mit Sicherheit in einen solchen elenden, niedrigen Zustand. Das habe ich an dir erkannt durch dieses sichere Zeichen. Mache dich schleunigst los von dem Gelde. Du vermagst keinen Heller davon auszugeben. Dieses Geld ist zum Anhäufen bestimmt, nicht zum Ausgeben." Diese Auskunft brachte den Barbier zur Besinnung, er ging zu dem spukhaften Baume und sprach: „O Dämon, nimm wieder dein Gold". Nach Hause zurückgekehrt, waren die sieben Krüge verschwunden samt allen Ersparnissen. Nichtsdestoweniger begann nun der Mann glücklicher zu werden."

„Ein zahmer Ichneumon [ostindischer Mungos] hatte seinen Käfig oben an der Wand eines Hauses. Das eine Ende der Leine war um seinen Hals geschlungen, das andere war an einem Gewicht befestigt. Das Tier lief und spielte im Gemach und im Hofraum des Hauses umher, sobald es aber erschreckt wurde, eilte es in seinen Käfig oben an der Wand, um sich da zu verbergen. So hat der Mensch sein Heim hoch oben bei den Füßen des Allmächtigen. Gerät er in Angst durch Unbill und Missgeschick, so geht er hin zu seinem Gott in sein wahres Heim, jedoch bald sieht er sich wieder genötigt, herunterzusteigen in die Welt, die auf ihn unwiderstehliche Anziehungskraft übt."

„Die schwerere Schale einer Wage geht nieder, während die leichtere in die Höhe steigt. Gleicherweise geht derjenige abwärts, welcher niedergedrückt wird von allzu viel Sorgen und Ängsten der Welt, während derjenige, der weniger Sorgen hat, aufwärtssteigt zum Reiche des Himmels."

„Wie auf der bewegten Fläche eines Sees der Mond nur in gebrochenen Bildern sich spiegelt, so ist auch im unstäten Gemüt des Weltmenschen, der in Maja befangen ist, Gottes Widerschein gebrochen und zerstückt."

„Solange als das Eisen im Ofen ist, ist es rotglühend, aber es wird bald schwarz, sowie es aus dem Ofen herausgenommen ist. Also ist es mit dem Weltmenschen: Solange er im Gotteshaus oder in der Gesellschaft von Frommen sich aufhält, ist er voll religiöser Bewegtheit, sowie er jedoch heraus ist, so hat er auch schon alles wieder vergessen."

„Ein Weltmensch mag mit Verstand begabt sein gleichwie König Dschanaka [Vater der Sita, der Gattin Ramas], er mag so viel Mühsam und Beschwerde auf sich nehmen wie ein Jogin, er mag so große Opfer bringen wie ein Asket: So tut er es doch nicht um Gottes willen, sondern um seines Weltsinns, der Ehre und des Reichwerdens willen."

„Das Krokodil hat eine so dicke Schuppenhaut, dass keine Waffe hindurchdringen kann; sie prallen alle wirkungslos ab. So magst du einem weltlich gesinnten Menschen noch so eifrig Religion predigen, es wird auf sein Herz keinerlei Eindruck machen."

„Etliche Fischweiber wurden mitten auf dem Heimwege von einem entfernten Markte bei einbrechender Nacht von einem heftigen Hagelwetter überrascht und mussten Unterkunft suchen im Hause eines Blumenhändlers. Dieser war so freundlich, ihnen zu gestatten, in einem der Räume zu schlafen, wo einige Körbe süßduftender Blumen zum Verkauf bereitgestellt waren. Die Luft war jedoch zu gut für die Fischweiber, so dass sie kein Auge schließen konnten, bis dass eine von ihnen Hilfe wusste. Sie sagte: „Wollen wir doch jede unseren leeren Fischkorb dicht an die Nase legen, und so den störenden Blumengeruch fernhalten, der uns nicht schlafen lässt." Alle stimmten freudig dem Vorschlag zu und taten danach. Bald begannen alle zu schnarchen. – So stark ist die Macht und der Einfluss schlechter Gewöhnungen über alle, die ihnen ergeben sind!"

„Die Seele verkörpert sich in einem Leibe wieder, an den sie unmittelbar vor ihrem jeweils letzten Abgang aus dieser Welt gedacht hat. Fromme

Übungen mögen deshalb als sehr notwendig angesehen werden. Wenn durch fortgesetzte Übungen keinerlei weltliche Vorstellungen im Gemüt aufsteigen, so füllt die Gottesidee ganz die Seele aus und verlässt sie auch am Rande der Ewigkeit nicht."

„Wem gleicht die Welt? – Sie gleicht einer Amrhafrucht: Lauter Schale und Kern und nur ganz wenig Fleisch, dessen Genuss Kolik verursacht."

„Die Lebensart eines Menschen ändert sich mit dem, womit einer sich umgibt. Kleidet er sich wie ein Stutzer in feinen schwarzgeränderten Musselin, so kommen Liebeslieder auf seine Lippen. Ein Paar englische Schuhe erfüllen selbst einen phlegmatischen Menschen mit eitlem Entzücken: Gleich beginnt er zu pfeifen und hat er eine Treppe zu steigen, so trippelt er wie ein großer Herr von Stufe zu Stufe. Hält einer eine Feder in der Hand, so bekritzelt er jedes Papier, das in seine Nähe kommt."

„Geld ist ein Attribut von überaus starker Natur. Sowie ein Mensch reich wird, ist er auch schon völlig ein anderer. – Ein sehr sanfter und demütiger Brahmane pflegte mich dann und wann zu besuchen. Nach einiger Zeit kam er nicht mehr und wir wussten nicht warum. Eines Tages fuhren wir in einem Boot nach Konnagore. Als wir das Boot verlassen hatten, sahen wir den Brahmanen am Ufer des Ganges sitzen, wo er in der Manier protziger Leute frische Luft genoss. Als er mich sah, redete er mich nach Gönnerart an: „Hallo Freundchen! Wie geht es dir?" Ich merkte sofort die Veränderung in seinem Ton und sagte zu Hridaj, der mich begleitete: „Sicher ist dieser Mann reich geworden. Du siehst, welche große Wandlung an ihm eingetreten ist."

Das Geld und das Weib, in diesen beiden erblickt Ramakrischna die Angelpunkte des Welttreibens.

„Wie der Affe sein Leben aufgibt vor den Füßen des Jägers, also der Mann zu den Füßen eines schönen Weibes."

Der in der Welt Befangene gleicht einem Fiebernden.

„Ein Mensch mit hohem Fieber und geplagt von unerträglichem Durst ist gestellt zwischen eine Reihe von Krügen mit kaltem Wasser und einer Anzahl offener Flaschen mit würzigen Brühen. Wird der derartig erregte Kranke sich enthalten können, das ihm so nahe Wasser zu trinken oder die Brühen zu verkosten, obgleich er dadurch sein Übel noch verschlimmert? Das gleiche ist der Fall mit einem Menschen, der unter dem berückenden Einfluss seiner immer ruhelosen und missleitenden Sinne steht, wenn er sich findet zwischen den Versuchungen der weiblichen Reize und denen des Reichtums: Widerstandslos lässt er sich hinziehen zu ihnen und macht dadurch seinen Zustand nur um so schlimmer."

„Die weltgebundenen Seelen vermögen nicht zu widerstehen den Versuchungen von Weib und Geld, auf dass sie ihr Gemüt auf Gott richteten, selbst wenn sie tausenderlei Erniedrigungen um jener Dinge willen erleiden müssen."

Und doch:

„Was berechtigt, stolz zu sein auf Geld? Spricht einer: „Ich bin reich", nun so gibt es noch reichere als er, im Vergleich mit denen er nur ein Bettler ist. In der Abenddämmerung, wenn die Glühwürmchen sichtbar werden, meinen diese: „Wir spenden Licht der Welt." Wenn aber die Sterne erscheinen, so ist ihr Stolz dahin. Nun denken die Sterne: „Wir strahlen Licht dem All." Steigt nachher der Mond am Horizont empor, so werden die Sterne bescheiden und blicken melancholisch drein. Und dann beginnt der Mond stolz zu werden und glaubt, durch sein Licht werde die Welt erhellt, und er lächelt und gefällt sich in Schönheit und Lust. Doch siehe, die Morgendämmerung kündet der Sonne Aufgang am östlichen Himmelsrand! Wo bleibt dann der Mond? – Sännen diejenigen, die sich reich dünken, diesen Dingen nach, fürwahr, sie würden nimmer großtun mit ihren Reichtümern und ihrer Macht."

Darum:

„Ein Heiliger pflegte ein Prisma an einem Kronleuchter zu betrachten und dabei zu lächeln. Er sah verschiedene Farben in dem Prisma, rot, gelb, blau usw.; und er wusste: Alle diese Farben sind trügerisch – und so auch ist trügerisch die Welt."

In einer Unterredung mit einem Prediger der Brahma-Samadscha erzählt Ramakrischna:

„Die Priester von Dscheypor lebten anfangs in Ehelosigkeit. Da waren sie oft so durchgeistigt und von heiligem Feuer ergriffen, dass sie sich weigerten, an des Königs Hof zu erscheinen, wenn er es wünschte. Sie ließen ihm zurücksagen, er möge doch zu ihnen kommen, wenn er etwas von ihnen wollte. Da verordnete der König, die Priester sollten heiraten. Und nun kamen sie alle geschäftig zum König, ohne dass er sie jemals zu rufen brauchte: Der eine kam, um den König zu segnen, ein anderer kam mit geweihten Blumen vom Altar des göttlichen Bildes, ein dritter mit Opfergaben usw. Alle diese Dinge erledigten sie nach Maßgabe von allerlei Anliegen, die sie hatten: Einmal um größere Wohnungen zu erbitten, ein andermal um die Kinderweihe begehen zu können [zwischen dem 5. und 8. Monat, wenn das Kind zum ersten Mal festere Nahrung bekommt], wieder ein andermal um anderer wichtiger Dinge willen. – Du kannst merken," fährt Ramakrischna fort, „wie man sich im Dienste anderer wandelt. Diejenigen eurer jungen Leute, die englisch gebildet und nach westlichem Muster erzogen sind, lassen sich die Fußtritte ihrer Herren gefallen. Weißt du, was hinter all den Demütigungen und Qualen der Knechtschaft steckt? Das Weib."

Das ist die Grundwahrheit in der Forderung des Zölibats.

Und auch der folgende Ausspruch, in welchem er sich über einen jungen Schüler äußert, wird bei jedem geistig Orientierten Verständnis finden. Er sagt:

„Eine Wandlung zum Unguten ist über sein Antlitz gekommen. Ein dunkler Schleier scheint darüber gebreitet. Das ist zuzuschreiben den amtlichen (gottesdienstlichen) Obliegenheiten. Da gilt es Rechenschaft abzulegen und hunderterlei Dinge zu besorgen."

Aber die Aussprüche über das Weib finden ihre unerlässliche Ergänzung, ihren geheiligten Hintergrund in des Propheten göttlicher Verehrung des Weibes.

„Die Frauen, ob mit verehrungswürdigen Eigenschaften geboren oder nicht, ob rein oder unrein, sollten immer angesehen werden als Bilder der gesegneten Göttin „Mutter"."

Auf die Frage eines Schülers: „Wie sollen wir uns zum schönen Geschlecht verhalten?", antwortet der Meister:

„Wer die Wahrheit sieht Aug´ in Auge, wer gesegnet ist mit dem Schauen Gottes, der braucht keine Befürchtung zu hegen. Er sieht die Frauen als das, was sie in Wahrheit sind: Teile der göttlichen Mutter des Alls. So zollt er nicht nur der Weiblichkeit Ehre und Achtung, sondern ehrfürchtet die Frauen wie ein Sohn seine Mutter."

Und auf die andere Frage, warum der Meister mit seinem Weibe nicht in ehelicher Gemeinschaft lebe, gibt dieser die Auskunft:

„Gott Kartikeja [Sohn der Göttin Kali, die auch Durga heißt], der Anführer des himmlischen Heeres, ritzte einmal von ungefähr eine Katze mit dem Fingernagel. Heimgekehrt sah er an der Wange seiner Mutter einen Riss. Er frag sie: „Mutter, woher hast du den hässlichen Riss auf deiner Wange?" Die Göttin Durga erwiderte: „Kind, es ist dein eigenes Werk, das Mal deines Fingernagels." Verwundert fragte Kartikeja: „Wieso Mutter? Ich erinnere mich nicht, dich je gekratzt zu haben?" Die Mutter erwidert: „Mein Lieber, hast du vergessen, dass du heute morgens eine Katze gekratzt hast?" Darauf Kartikeja: „Gewiss, ich kratzte eine Katze, aber wieso wurde dadurch deine Wange gezeichnet?" Die Mutter antwortet: „Liebes Kind, nichts existiert in der Welt außer mir. Ich bin die gesamte Schöpfung. Wen immer du verletzest, du verletzest mich." Kartikeja war höchlich erstaunt und nahm sich vor, niemals zu heiraten – denn wen sollte er heiraten? Jede Frau war ihm Mutter. – Wie Kartikeja, so betrachte auch ich jedes Weib als meine göttliche Mutter."

Im folgenden nun spricht die altindische Weisheit der **vier** Lebensstufen: Die erste des Schülers, die zweite des Haus- und Familienvaters, die dritte des Waldeinsiedlers (zwischen vierzig und fünfzig), die vierte die des Bettelmönchs (zu Beginn der siebzig).

„Ein Hausvater sollte in der Welt leben mit ungefesseltem Gemüt. Von Zeit zu Zeit sollte er einen einsamen Ort aufsuchen, wo er ohne Störung meditieren kann über Gott. So würde der Geist des Glaubens und der Frömmigkeit über ihn kommen und er ohne Fessel leben können. Nachdem ihm ein Sohn geboren oder zwei, sollten der Hausvater und sein Weib miteinander leben wie Bruder und Schwester und immer zu Gott beten, dass ihr Gemüt nimmermehr der Sinnenlust nachjage.

DIE GELASSENHEIT

„Ist jemand durch wahre Gelassenheit zu Gott gekommen, dann hört die ungehörige Lust zum Weibe auf, dann ist auch das eigene Weib keine Gefahr mehr. Wenn zwei Magnete in gleicher Entfernung von einem Stücke Eisen sich befinden, welcher wird dieses mit stärkerer Kraft anziehen? Gewiss doch der größere. Fürwahr Gott ist der größere Magnet, und was vermag der kleinere, das Weib, gegen ihn auszurichten?"

„Die Seele, die in der Leidenschaft zum Weibe und zum Reichtum gefangen ist, gleicht der grünen Betelnuss. Solange die Betelnuss grün ist, haftet sie an ihrer Schale; sobald aber der Saft vertrocknet ist, trennen sich Schale und Nuss, und beim Schütteln bewegt sich die Nuss im Innern. So auch, wenn die Leidenschaft zum Weibe und zum Reichtum von innen verflüchtigt ist, werden Seele und Leib als gänzlich verschieden voneinander erkannt."

Nicht wenig interessant dürfte die Anwendung des gleichen Bildes auf Meister Joschuah sein. Gefragt, wie Joschuah während des Todeskampfes am Kreuze für seine Feinde zu beten imstande war, gab er zur Antwort:

„Wird die Schale einer frischen Kokosnuss durchbohrt, so dringt der Nagel auch in den Kern der Nuss. Ist aber die Nuss trocken, so trennt sich der Kern von der Schale und daher bleibt dieser unberührt, wenn die Schale durchbohrt wird. Joschuah glich der trockenen Nuss, d. h. seine innere Seele war getrennt von der physischen Schale und deshalb blieb er unberührt von den Leiden des Körpers."

Viele Märtyrer aller Zeiten haben erfahren, was hier gesagt ist, darum konnten sie in völliger Gottgelassenheit so heiteren Sinnes sterben.

„Was ist völlige Gelassenheit? Sie gleicht dem glücklichen Zustand von Behagen und Befriedetsein, den der müde Arbeiter verspürt, wenn er nach harter Tagesarbeit auf Polster gelehnt in Muße seine Pfeife raucht. – Sie ist das Ende aller Ängste und Mühsale."

„Trachte nach voller Beherrschung deines Geschlechtstriebes! Ist diese erreicht, so vollzieht sich eine physiologische Veränderung im Körper durch die Entwicklung eines Nervs, der unter dem Namen Medha bekannt ist. [Er soll die niederen Lebenskräfte in geistige umwandeln.] Die Erkenntnis des höheren Selbst wird gewonnen nach der Entwicklung des Medha-Nervs."

„Die Schlangen sind giftige Reptilien. Will man sie fangen, wird man gebissen. Wer aber den Schlangenzauber erlernt hat, was macht es dem aus, eine Schlange zu ergreifen! Er kann deren sieben als Zierat um seinen Nacken legen. Ähnlich kann der, welcher geistige Erkenntnis erlangt hat, nie wieder durch Gelüst und Gier verunreinigt werden."

„Wie hört die Anziehungskraft der weltlich-sinnlichen Freuden auf? – In Gott, der die Verkörperung ist alles Glücks und aller Freuden insgesamt. Diejenigen, die ihn wahrhaftig haben, finden keinen Reiz mehr an den wohlfeil-wertlosen Freuden der Welt."

„Bestreichst du die Handflächen mit Öl und brichst dann eine milchhaltige Frucht entzwei, so wird ihr flüssiger Inhalt nicht haften an deinen Händen und dich daher nicht belästigen. Gleich also, wenn du in der wahren Erkenntnis des All-Selbst stark geworden bist, magst du leben umgeben von Weib und Gold – sie werden dir nichts anhaben können."

„Das Wasser fließt unter einer Brücke weg und steht nie still: So gleitet das Geld durch die Hände des Freien, ohne dass sie es aufhäufen."

Aber völlig und echt muss die Gelassenheit sein!

„Ein Hausvater und sein Weib entsagten der Welt und pilgerten miteinander zu verschiedenen Andachtsstätten. Da sah einmal der Mann, als er dem Weibe ein wenig vorausgegangen war, einen Diamanten auf der Straße liegen. Sogleich kratzte er die Erde auf, um den Diamanten zu verbergen, in der Meinung, dass, wenn sein Weib den kostbaren Stein sähe, sie vielleicht von Habgier erfasst werden und des Verdienstes ihrer Entsagung verlustig gehen könnte. Während er sich also bemühte, kam das Weib heran und fragte, was er da täte. Er gab eine ausweichende Antwort. Sie aber hatte den Diamanten entdeckt, las seine Gedanken und sagte vorwurfsvoll zu ihrem Manne: „Warum hast du die Welt verlassen, wenn du noch immer den Unterschied empfindest zwischen einem Diamanten und dem Staube?"

„Wie viele Arten von Gelassenheit gibt es? Im Grunde genommen zwei: Die völlige und die halbe. Die völlige ist, wie wenn einer eine Zisterne gräbt in einer Nacht und sie mit Wasser füllt. – Die halbe schiebt das Werk beständig hinaus. Da weiß man nie, wann sie ihre Vollendung erreicht."

„Ein Weib klagte ihrem Gatten: „Lieber, ich bin so besorgt um meinen Bruder. In den letzten Monaten hatte er die Absicht, ein Sannjasin zu werden und sich hierauf vorzubereiten. Er gedenkt alle seine Bedürfnisse allmählich aufzugeben." Der Gatte erwiderte: „Du brauchst dich wegen deines Bruders keineswegs zu ängstigen. Niemals wird er ein Sannjasin. Das ist nicht der Weg, der dahin führt." Darauf das Weib: „Wie wird man denn dann Sannjasin?" Der Gatte gab zur Antwort: „Willst du es sehen? Dies ist der Weg." Mit diesen Worten zerriss er sein Gewand in Stücke, nahm zwei davon, legte sie um seine Lenden und erklärte dem Weibe, sie und alle andern Frauen seien fortan für ihn Mutter. Und er verließ sein Heim, um nie wieder dahin zurückzukehren."

„Über einen Landstrich war große Dürre gekommen. Die Hausväter waren geschäftig, Wasser auf ihre Felder zu leiten, indem sie Gräben zogen. Einer von ihnen war fest entschlossen, solange zu arbeiten, bis sein Graben an den Fluss reichte. Da es spät geworden war, schickte sein Weib etwas Öl durch ihre Tochter, welche sagte: „Vater, es ist beinahe Mittag, reibe dich mit diesem Öl ein und nimm dein Bad." Der Vater entgegnete: „Ich habe zu schaffen." Zwei Uhr war vorüber und immer noch dachte der Bauer nicht ans Bad und an die Mahlzeit. Schließlich kam die Frau selbst und sagte: „Warum hast du dein Bad noch nicht genommen? Das Essen ist kalt und abgestanden. Du übertreibst alles, komm jetzt heim. Lass das übrige auf morgen, oder nachdem du gegessen hast." Da wurde der Mann zornig, lief mit der Hacke nach dem Weibe, schimpfte und fluchte und rief immer wieder: „Du törichtes, unsinniges Weib, siehst du nicht, wie das Getreide dürr wird, und dass ihr alle Hungers sterben werdet! Ich bin entschlossen, heute noch Wasser auf die Felder zu leiten und dann erst an andere Dinge zu denken." Das Weib lief davon. Nach einer Riesenarbeit bis spät in die Nacht hatte der Mann endlich sein Vorhaben ausgeführt. Als er das Flusswasser mit murmelndem Geräusch auf seine Felder rinnen sah, da kannte seine Freude keine Grenzen. Nun kam er nach Hause, hieß seine Frau Öl bringen und eine Pfeife Tabak bereithalten. Nachdem er gebadet und gegessen, ruhte er lange und schlief vorzüglich. – Solche Entschluss-kraft ist das rechte Bild völliger Gelassenheit. – Ein anderer Bauer hatte das nämliche zu verrichten, aber als sein Weib erschien und ihn aufforderte, nach Hause zu kommen, da folgte er ihr ohne Widerrede, legte die Hacke über die Schulter und sagte: „Nun gut, da du gekommen bist, so muss ich wohl mitgehen." Nimmer war er imstande, seinen Feldern zu rechter Zeit Wasser zuzuführen. Dies ist ein Bild der nichtigen, der hinausschiebenden Gelassenheit. So wie ohne lebendigen Entschluss die Bewässerung der Felder seitens des Hausvaters nicht zustande kommt, so auch vermag keiner ohne lebendiges Wollen zu erreichen das gesegnete Gottschauen." Nicht darf der zur Gelassenheit Entschlossene sprechen: „Lass mich zuvor meine Familienangelegenheiten ordnen und dann will ich über Gott nachsinnen."

„Einer sagte: „Wenn mein Sohn Harisch groß geworden ist, so will ich ihn verheiraten und ihm die Sorge um die Familie anvertrauen. Ich will dann verzichten auf die Welt und will Joga üben." Dazu bemerkte ein Heiliger: „Du wirst niemals Gelegenheit finden, Joga zu üben. Denn nachher wirst du sagen: Harisch und Girisch hängen zu sehr an mir. Sie wollen meine Gesellschaft noch nicht entbehren. Dann wirst du vielleicht den Wunsch äußern: Lass Harisch einen Sohn haben und mich diesen Sohn verheiratet sehen. Und so wird deiner Wünsche nie ein Ende sein."

Als einst ein vornehmer Marwari [aus Marwar] zu Ramakrischna kam und ihn fragte: „Herr, wie kommt es, dass ich alles gelassen habe und dennoch Gott nicht schaue?", bedeutete ihm Ramakrischna: „Du kennst die ledernen Krüge, in denen Öl aufbewahrt wird. Wenn du aus einem solchen alles Öl herausnimmst, so bleibt gleichwohl etwas davon an den Seiten und am Boden haften. Der Geruch verschwindet nicht. Ebenso ist auch in dir noch etwas vom Geruch der Weltlichkeit."

„Ein Milchmädchen pflegte einen Brahmanenpriester mit Milch zu versorgen. Sie hatte von jenseits eines Flusses zu kommen. Infolge der Unregelmäßigkeit des Fährdienstes konnte sie nicht pünktlich sein. Als der Brahmane sie deswegen einmal schalt, erzählte sie ihm von diesen Schwierigkeiten. Der Priester sagte: „Weib, das Meer des Seins wird durchquert im Namen Gottes, und du kannst in diesem Namen nicht einmal jenen geringen Fluss durchqueren?" Von diesem Tage an bekam der Bahmane seine Milch regelmäßig früh morgens. Auf die Frage, wie es komme, dass das Mädchen nicht mehr zu spät komme, bekam er die Antwort: „Seitdem ich, den Namen des Herrn im Munde, den Fluss durchschreite, wie du mich angewiesen, brauche ich keinen Fährmann mehr." Der Priester mochte dies nicht glauben und wollte sich selbst überzeugen. Das Mädchen nahm ihn mit und begann über das Wasser zu schreiten. Der Priester versuchte ihr zu folgen, fing aber alsbald zu sinken an. Das Mädchen nahm seinen jammervollen Zustand wahr und sagte zu ihm: „Wie, Herr, du sprichst den Namen Gottes aus und nimmst dabei so peinlich Vorsorge, dein Kleid nicht nass zu machen? Fürwahr, du bist nicht völlig gelassen in Gott." – Ganze Gelassenheit, unbedingtes Gottvertrauen, sind der Ursprung jeglicher Wundertaten."

„Das junge Äffchen klammert sich an seine Mutter an, wenn diese umhergeht. Das Kätzchen tut dies nicht, sondern es miaut und die Mutter fasst es am Genick. Lässt das Äffchen die Mutter los, so fällt es zu Boden und verletzt sich. Das kommt daher, weil es sich auf seine selbsteigene Kraft verlässt. Das Kätzchen dagegen läuft keine solche Gefahr, da die Mutter selbst es von Ort zu Ort trägt. – Dies ist der Unterschied zwischen Selbstverlass und völliger Ergebenheit in Gottes Willen."

„Um ihre Reinheit zu erweisen, ist Radha [Krischnas Geliebte] zum Gottesurteil bestimmt worden: Sie sollte Wasser fassen in einem Krug mit tausend Löchern. Als sie das fertiggebracht hatte, ohne dass auch nur ein einziger Tropfen ausgeflossen wäre, da erklang Beifallsgeschrei von allen Seiten: Ein so reines Weib sei noch nie dagewesen und werde sicherlich nie wiedergefunden werden. Da rief Radha aus: „Warum Überschüttet ihr mich mit Lob? Sprecht lieber: Ehre sei dem Krischna, Ehre ihm allein! Ich bin nur seine Magd."

„Was haben wir zu tun, wenn wir in diese Welt gestellt sind? – Gebt alles ihm anheim, lasst euch ihm selbst – und eure Wirrnisse und Qualen werden ein Ende haben. Dann werdet ihr zur Erkenntnis kommen, dass alles, was da geschieht, aus seinem Willen geschieht."

„Die Brise seiner Gnade weht Tag und Nacht über deinem Haupte. Entfalte die Segel deines Bootes, willst du rasch hinüberkommen über den Ozean des Lebens."

DIE GOTTESLIEBE

„Ein eben verheiratetes Weib ist ganz hingegeben an die Erfüllung ihrer häuslichen Pflichten – bis dass sie ein Kind geboren hat. Hat sie es, so beginnt sie die kleinen Geschäfte des Haushalts zu vernachlässigen; sie hat kein Gefallen mehr daran. Statt dessen liebkost sie das Neugeborene den ganzen langen Tag und küsst es mit inniger Wonne. So ist ein Mensch im Zustande der inneren Blindheit immerfort mit allerhand weltlichen Dingen beschäftigt, aber sobald die Liebe Gottes in seinem Herzen zu erblühen beginnt, findet er keine Freude mehr an etwas anderem. Sein Glück besteht nun lediglich darin, Gott zu dienen und sein Werk zu tun. Sein Herz wendet sich weg von allen andern Anliegen und er vermag sich nicht zu versagen dem Entzücken jener heiligen Gemeinschaft."

„Drei Arten von Liebe gibt es: Die selbstische; die sich selbst, aber auch andere umfassende; die selbstlose. Die selbstische Liebe ist die niedrigste. Sie sucht allein ihr eigenes Glück, ohne Rücksicht darauf, ob das Geliebte leidet. Bei der auch den andern umfassenden Liebe sucht der Liebende nicht bloß das Glück des Geliebten, sondern hat sein Augenmerk auch auf das eigene. Die selbstlose Liebe ist die höchste: Der selbstlos Liebende ist einzig und allein auf das Wohl des Geliebten bedacht."

„Wie soll man Gott lieben? – Wie das treu hingebungsvolle Weib den Gatten, wie der Geizhals seinen Schatz, so soll der Fromme den Herrn lieben mit ganzem Herzen und ganzer Seele."

„Ein wahrhaft Liebender sieht in seinem Gott seinen nächsten und liebsten Angehörigen, so wie die Schäferin von Wrindawana [Radha] in Krischna nicht den Herrn des Alls, sondern ihren Geliebten sah."

„Kann Gottesliebe erlangt werden durch das Lesen heiliger Schriften? – Der Hindukalender zeigt die Regentage des ganzen Jahres an, aber wollte man das Buch noch so sehr quetschen, so wird doch nicht ein Tropfen Wassers herauskommen. So sind auch viele gute Worte zu finden in den heiligen Schriften, aber das bloße Lesen derselben wird niemand zum religiösen Menschen machen. Es gilt, die darin gelehrten Tugenden in die Tat umzusetzen, um die Liebe Gottes zu erlangen."

„Es ist unwesentlich, ob einer glaubt oder nicht glaubt, dass Radha und Krischna göttliche Inkarnationen sind. Mag einer daran glauben oder mag er nicht daran glauben, dass Gott menschliche oder sonst irgendeine Gestalt annehme. Alle aber sollten Verlangen haben nach der lebendigen

Gottesliebe. Dieses ist das eine, was nottut."
„Gleichwie eine Lampe nicht brennt ohne Öl, also kann ein Mensch nicht leben ohne Gott."
„Wo ist Gott? Wie können wir zu ihm kommen? – Es gibt Perlen im Meer. Du musst tauchen, tief tauchen, und immer wieder, bis dass du sie erreichst. Also ist Gott in der Welt, aber du musst beharrlich sein, um ihn schauen zu können."
„Das Dunkel von Jahrhunderten in einem verschlossenen finsteren Raum wird sofort zerstreut, sobald ein Licht hineingebracht wird. – Die gehäufte Blindheit und Übeltat unzähliger Geburten schwindet dahin vor einem einzigen Strahl aus des Allmächtigen gütigem Auge."
„Ein Krug unter Wasser gehalten ist voll Wassers innen und außen. Also schaut die in Gott getauchte Seele den alldurchdringenden Geist innen und außen."
„Tauche tief in das Meer der göttlichen Liebe. Fürchte nichts: Es ist das Meer der Unsterblichkeit. Ich sagte einmal zu Vivekananda: „Gott gleicht einem Meer von Süßigkeit. Möchtest du nicht tief untertauchen in dieses Meer? Denke dir, mein Sohn, es wäre hier ein Gefäß mit weiter Öffnung, gefüllt mit Melasse, und du wärest eine Fliege, begierig daraus zu trinken: Wo würdest du dich hinsetzen, um zu trinken?" Vivekananda erwiderte, er würde den Rand des Gefäßes wählen, denn würde er mitten hinein sich begeben, so müsste er ertrinken und sterben. Darauf sagte ich zu ihm: „Du vergissest, mein Sohn, dass du, wenn du tief untertauchst in das göttliche Meer, nicht Gefahren oder den Tod zu fürchten brauchst. Denke daran, dass das Meer der ewigen seligen Wesenheit das Meer der Unsterblichkeit ist, mit dem Wasser des ewigen Lebens. Sei nicht bange, wie gewisse törichte Menschen, du könntest ein Übermaß tun in deiner Liebe zu Gott."
„Vor allem sollst du Liebe haben – alles übrige wird dir dazu werden. Erst Liebe, dann Werke. Ein Werk ohne Liebe ist ohnmächtig und kann nicht bestehen."
„Je näher Radha dem Krischna kam, um so stärker spürte sie einen lieblichen Geruch. Je näher ein Mensch zu Gott kommt, desto mehr wird sein Herz überflutet von einem glückseligen Gefühl und von der Liebe zu ihm. Je näher ein Fluss dem Ozean kommt, um so mehr nimmt er teil an den Gezeiten."
„Das Lassen der Werke kommt von selbst, wenn die Liebe Gottes im Herzen erstarkt ist. Lass Werke tun diejenigen, welche von Gott dazu bestimmt sind. Für dich ist die Zeit reif, solches abzutun. Gib alles auf und

sprich: „O meine Seele, komm und lass uns der Gottheit warten, die im Herzen lebendig geworden ist."

„Die Perlenmuschel, die die kostbare Perle enthält, ist für sich allein von ganz geringem Wert; doch ist sie unerlässlich notwendig für das Werden der Perle. Die Schale ist ohne Nutzen für denjenigen, der die Perle hat. – So sind auch die Zeremonien und Kultformen überflüssig für den, der die höchste Wahrheit erlangt hat: Gott."

„Obgleich in einem Reiskorn der Keim als das einzig Notwendige angesehen wird, während der Hülse, der Fruchtschale, keinerlei Bedeutung beigelegt wird, so wird dennoch das enthülste Korn in der Erde nicht sprossen, nicht zur Pflanze werden, um wiederum Reis hervorzubringen. Um zu ernten, muss man notwendig das Korn mit der Hülse säen. Will aber jemand an die keimhafte Materie heran, so muss er allerdings zuvor die Hülse von dem Samen entfernen. So auch sind Kultformen und Zeremonien notwendig für das Werden und Bleiben einer Religion. Sie sind die Behälter, welche die Saat der Wahrheit in sich bergen. Aus diesem Grunde muss jedermann sie beobachten, ehe er die zentrale Wahrheit erreicht."

„In unseren Theatervorstellungen, wo das Leben und die Taten Krischnas zur Darstellung kommen, beginnt die Aufführung mit Trommelschlag und lautem Gesang: „O Krischna, komm, komm, o Teurer!" Indessen beachtet der Schauspieler, der den Krischna spielt, diesen lärmenden Ruf nicht, sondern geht behaglich plaudernd und rauchend im Künstlerzimmer hinter der Bühne umher. Sobald jedoch der Lärm aufhört und der fromme und weise Narada die Bühne betritt, begleitet von lieblich sanfter Musik, und mit einem von Liebe überfließenden Herzen Krischna herbeiruft, da kann dieser nicht länger gleichgültig bleiben und kommt eilig auf die Bühne. Solange der Fromme bloß mit den Lippen ruft: „Komm, o Herr! Komm, o Herr!" wird der Herr gewiss nicht kommen. Kommt er, so schmilzt das Herz des Frommen in göttlicher Ergriffenheit und das laute Rufen hört für immer auf. Nicht kann der Herr widerstehen, wenn ein Mensch ihn anruft aus den Tiefen seines Herzens, das da überfließt von inniger Liebe und Hingebung."

„Nimm deine Zuflucht zu Gott und lass das Schämen und Fürchten! Wenn ich tanzen würde im Namen Gottes, was würden die Leute sagen?" Wirf weg von dir all solche Bedenken!"

„Gott kann nimmer erscheinen, wo noch Schämen, Hass und Furcht vorhanden ist."

„Auf Glas kann man nicht zeichnen; wenn jedoch die Oberfläche mit gewissen Chemikalien bestrichen wird, dann können Bilder darauf wohl gezeichnet werden, wie bei der Fotografie. So kann auch dem menschlichen Herzen der Gottheit Bild nur aufgeprägt werden, wenn es durchtränkt ist mit dem Chemikal der Liebe."

Dass Weisheit – die übrigens Liebe und Demut notwendig in sich schließt – mehr ist denn Wissen und Intelligenz, darüber folgende Gleichnisse: „Zwei Menschen kamen in einen Garten. Kaum war der eine eingetreten, so begann er auch schon die Mangobäume zu zählen und wie viel Früchte ein jeder Baum trug und was wohl der ungefähre Wert der ganzen Pflanzung sein mochte. Der andere suchte den Besitzer des Gartens auf, machte seine Bekanntschaft und pflückte dann mit dessen Erlaubnis Früchte, um sie zu essen. Welcher war nun der weisere von diesen beiden? Mangos zu essen, stillt den Hunger. Was soll es aber, die Blätter an den Bäumen zu zählen und unnütze Berechnungen anzustellen? Der wesenlose Mensch des Intellekts ist nutzlos geschäftig mit seinem Suchen nach dem Warum und Weshalb der Schöpfung, während der demütige Mensch der Weisheit Bekanntschaft macht mit dem Schöpfer und der höchsten Glückseligkeit sich erfreut in der Welt."

„Einmal schlich sich eine dünkelhafte Anwandlung in das Herz des göttlich-weisen Königs Narada. Da sprach Gott Wischnu, der in seinem Herzen las, zu ihm: „Narada, geh dort und dort hin, da ist ein großer Verehrer von mir und bewirb dich um seine Bekanntschaft." Narada ging hin und fand einen Bauer, der frühmorgens aufstand, ein einziges Mal den Namen Hari [Wischnu] aussprach und mit seinem Pflug hinausging, seinen Acker zu bebauen den ganzen Tag lang. Des Abends ging er zu Bett, nachdem er ein zweites Mal den Namen Hari ausgesprochen. Narada dachte bei sich: „Wie kann dieser Bauer ein Gottliebender genannt werden? Ich sehe ihn angelegentlich beschäftigt mit den Pflichten des Alltags und er hat keinerlei Merkmale eines frommen Menschen an sich." Darauf kam Narada zurück zum Herrn und teilte ihm seine Meinung über den neuen Bekannten mit. Der Herr sagte: „Narada, nimm doch diese Schale gefüllt mit Öl, gehe um die Stadt herum und komme dann wieder, aber gib acht, dass du keinen Tropfen des Öls verschüttest." Narada tat wie ihm geheißen. Nach seiner Rückkehr fragte ihn Wischnu: „Nun, Narada, wie oft hast du meiner gedacht auf dem Wege?" – „Keinmal, Herr," war die Antwort, „wie konnte ich auch, wenn ich diese bis an den Rand gefüllte Schale zu behüten hatte?" Darauf sagte der Herr: „Diese eine Schale mit Öl hat deine ganze

Aufmerksamkeit so abzulenken gewusst, dass du mich ganz und gar vergessen hast, und nun denke an jenen Bauer, der mit der Sorge einer Familie belastet immer noch meiner gedenkt zweimal an jedem Tage."

„Um groß zu werden, muss man demütig sein. Das Nest der Lerche befindet sich auf dem Erdboden, doch schwingt sie sich von da empor zum Himmel. – Hochgelegenes Land eignet sich nicht zur Anpflanzung; niederer Grund ist nötig, wo das Wasser sich sammeln kann."

„Weshalb lässt ein Gottliebender alles um Gottes willen? Das Insekt fliegt aus dem Dunkel hinweg, sobald es ein Licht gewahr wird. Die Ameise gibt ihr Leben auf in der Melasse, aber verlässt diese nicht. So hängt der Gottliebende an Gott für alle Zeit und lässt alles andere."

„Es gibt eine Gottliebe, die ihr nicht kennt. Ist sie da, so bleibt nichts mehr zu wünschen. Einer, der diese Liebe hat, spricht: „O Herr, ich brauche nicht Reichtum, nicht Ehre, nicht Gesundheit, nicht Glück, noch sonst irgend etwas, wenn ich nur lautere Liebe habe vor deinen Lotusfüßen."

„Wie süß ist doch die Einfalt des Kindes! Es zieht seine Puppe den Reichtümern und Gütern der ganzen Erde vor. So ist der hingebungsvolle Fromme. Kein anderer vermag beiseite zu stellen Reichtum und Ehren, und Gott allein zu erwählen."

„Gleichwie ein Kind seine Mutter um ein Spielzeug bittet, indem es weint und sie immer wieder darum quält, so wird auch derjenige, welcher Gott kennt als sein Nächstes und Teuerstes, als sein Eigen, und wie ein unschuldiges Kind in sich hineinweint in dem unstillbaren Verlangen, ihn zu sehen, zuletzt beschenkt mit dem göttlichen Schauen. Gott kann nicht länger verborgen bleiben dem, der ihn also verlangend sucht."

Aber wiederum: Voll und ungeteilt muss solches Verlangen sein.

„Ich muss Vollkommenheit erlangen in diesem Leben, ja in drei Tagen muss ich Gott gefunden haben – ja mit einer einzigen Nennung seines Namens will ich ihn zu mir ziehen." Mit solch heftigem Lieben wird der Herr alsbald gewonnen. Wogegen der Laue ganze Lebenszeiten braucht, um zu ihm zu gelangen – wenn er das überhaupt erreicht."

„Zwei Kennzeichen der Liebe gibt es. Das erste: Die Welt ist vergessen. Eine Gottesliebe, welche dem Liebenden das Bewusstsein um die äußeren Dinge nimmt. Das andere: Dass nicht einmal die Sorge um den eigenen Leib mehr übrig bleibt – der einem doch sonst so teuer ist; die Identität mit dem physischen Körper hört ganz und gar auf. Diese Liebe tritt nicht ein, ohne dass man Gott schaut."

„Warum entstrahlen doch dem Herzen der Frommen die Gefühle ohne Zahl

und ohne Grenze? – Wird Getreide ausgemessen im Speicher eines reichen Kornhändlers, so misst einer das Getreide aus, während andere immer neues herbeischaffen. – So liegt das Geheimnis des unerschöpflichen Vorrates der Gefühle eines wahren Gottliebenden darin, dass Gott selbst ihn damit versorgt, während der Weise, der seinen geistigen Besitz aus Büchern nimmt, gleich dem Kleinkaufmann seinen Ideenvorrat bald erschöpft."
Wie hoch Ramakrischna die Gottesliebe einschätzt, ist vor allem zu ersehen aus einem Gespräch, darin er sagt:
„Da ich Blumen legte zu ihren [der Göttin] Lotusfüßen, betete ich mit gefalteten Händen also: „O Mutter, hier ist Unwissenheit – dort Wissen. O nimm sie beide hinweg, ich brauche ihrer nicht. Gewähre, dass ich haben möge Gottesliebe allein! Hier ist Reinheit – dort ist Unreinheit. Was soll ich damit anfangen? Lass mich nur reine Gottesliebe haben! Hier ist Sünde – dort ist Tugend. Ich bedarf weder des einen noch des andern. Lass mich reine Gottesliebe haben allein! Hier ist Gut – dort ist Böse. O nimm alles hin, ich bedarf dessen nicht. Lass mich nur Liebe haben! Hier sind gute Werke – dort sind schlimme. O stelle mich über sie, ich mag ihrer nicht. Gib nur, dass ich reine Gottesliebe habe!"
Und noch das schöne Gleichnis:
„Der Magnetfels unter dem Meer zieht das über ihm segelnde Schiff an, zieht die Nägel aus ihm heraus, trennt die Planken voneinander und versenkt das Schiff in die Tiefe. So auch wird, wenn die Menschenseele angezogen ist vom Magneten des Allbewusstseins, in einem Augenblick all ihre Individualität und ihre Ichsucht zerstört und sie wird versenkt in den Ozean von Gottes unendlicher Liebe."

DIE ERKENNTNIS

„Erkenntnis und Liebe Gottes sind im Grunde ein und dasselbe. Kein Unterschied besteht zwischen lauterer Erkenntnis und lauterer Liebe."
„Nicht verlangt der Gottliebende nach Brahman-Erkenntnis, nämlich nach dem Erleben des Unpersönlichen. Er begnügt sich bei dem Erleben des Göttlichen als Person – sei es die meiner göttlichen Mutter oder einer ihrer zahllosen heiligen Gestaltungen, einschließend die göttlichen Inkarnationen Krischna, Tschaitanja Dewa und andere: Gottes sichtbaren Offenbarungen. Der Gottliebende ist darum besorgt, dass nicht sein ganzes Ich erlösche in

Samadhi. Er möchte gern hinreichend Individualität behalten, um sich zu freuen am Schauen des Göttlichen als Persönlichem. – Er zieht es vor, den Zucker zu schmecken, anstatt selber Zucker zu werden."

Noch einmal das Gleichnis vom Eise in anderer Fassung:

„Denke dir eine unbegrenzte Wassermenge: Wasser oben und Wasser unten und Wasser nach allen Seiten hin. An gewissen Stellen gefriert das Wasser, wenn es kalt wird, und taut wieder auf, wenn es warm wird. Brahman ist diese grenzenlose Wassermenge. Die Teile dieses Wassers, die zu Eis gefroren sind, sind die persönlichen Gestaltungen der Gottheit. Die Kälte, im Gleichnis, das ist die Verehrung des Frommen, seine Liebe, seine Anbetung, seine Hingebung. Die Wärme wiederum das ist die unterscheidende Erkenntnis zwischen Wirklich und Nichtwirklich, welche hinführt zum völligen Erlöschen des Selbst, nämlich desjenigen, welches sagt: „Ich", „Ich". – Dem Gottliebenden offenbart sich der Herr in mannigfaltigen Gestalten. Einem Menschen aber, der die Höhe der Brahman-Erkenntnis in Samadhi erreicht hat, ist er das eigenschaftslose Brahman, das gestaltlose Absolute. – Hierin liegt das Verhältnis zwischen Erkenntnis und Gottesliebe, die im Grunde eines sind."

Und wieder anders gewendet:

„Die Liebe ist der Mond, die Erkenntnis die Sonne. – Ich habe gehört, es gäbe Meere im äußersten Norden und Süden. Dort ist es so kalt, dass das Meer teilweise gefriert und Eismassen sich bilden, in denen Schiffe festgehalten werden. – Werden nicht ebenso Menschen festgehalten auf halbem Wege, indem sie den Pfad der Liebe wandeln? – Gewiss. Jedoch was tut es zur Sache? Ist doch dieses Eis nichts anderes als das Wasser des Meeres, das da bedeutet das wonnevolle Allwesen – bloß verdichtet. Fragst du nun: „Ist Brahman allein wirklich, das All aber unwirklich, – was bleibt übrig, wenn das Eis in der Sonne der Erkenntnis schmilzt?" Nun, das Wasser des wonnevollen Allwesens allein."

„Erkenntnis ist verschieden hinsichtlich der Grade. Da ist zuerst die Erkenntnis des Weltmenschen, der gewöhnlichen Sterblichen. Sie ist unzureichend. Sie kann verglichen werden einer Lampe, die das Innere einer Stube erhellt. Die Erkenntnis eines Gottliebenden ist ein viel stärkeres Licht, das verglichen werden mag dem Lichte des Mondes, welches die Dinge sichtbar macht in- und außerhalb eines Raumes. Die Erkenntnis eines Avatara aber ist noch stärker und kann verglichen werden der Sonne. Sie ist die Sonne der göttlichen Erkenntnis, deren Licht die gehäufte Unwissenheit ganzer Zeitalter zerstreut."

„Was ist Erkenntnis im höchsten Sinne? – Der Erkennende spricht: „O Herr, du bist der einige Schaffende des Alls. Ich bin bloß ein niederes Werkzeug in deinen Händen. Nichts ist mein. Alles ist dein. Ich selbst, meine Familie, meine Habe, meine Tugenden – alles ist dein."
„Du" und „Dein" ist Erkenntnis; „Ich" und „Mein" ist Unwissenheit."
„Erkenntnis-Joga ist das Einswerden mit Gott mittels der Erkenntnis. Des Erkennenden Ziel ist, Brahman, das Absolute, zu erleben. Er spricht: „Nicht dies", „Nicht das" und lässt so außer acht ein unwirkliches Ding nach dem andern, bis dass er zu einem Punkte gelangt, wo aller Unterschied zwischen Wirklich und Nichtwirklich aufhört und Brahman erlebt wird in Samadhi."
„Eine Purana-Legende erzählt, wie einst Rama seinen Verehrer Hanuman fragt: „Mein Sohn, sage mir, wofür siehst du mich an und was für Gedanken machst du dir über mich?" Der Gottesverehrer antwortet: „O Rama, zuzeiten verehre ich dich als den Einen Unteilbaren. Dann sehe ich mich als Teil, als Bruchstück gleichsam der Gottheit. Ein andermal sinne ich über dich nach, o Rama, als über meinen göttlichen Meister und weiß mich als deinen Diener. Bin ich aber gesegnet mit der höchsten Erkenntnis, dann erlebe ich, dass ich du bin und du ich."
Damit ist die tiefste philosophische Einsicht gewonnen: Die Grundidee der Wedanta-Philosophie. Sie äußert sich auch in dem feinen Ausspruch: „Drei Ideen gibt es: „Ich", „Du", „Du und Ich". Erstens: Was da ist, war und sein wird, das bin ich selbst in alle Ewigkeit. Zweitens: Du bist und alles ist dein. Drittens: Du bist der Herr und ich bin dein Diener oder Sohn. – In der Vollendung einer dieser drei Ideen ist erreicht das Erlebnis Gottes."
Es ist gleichgültig, ob die All-Einheit mit „Ich" oder mit „Du" bezeichnet wird, denn beide sind in ihrem tiefsten Sinn identisch. In Brahman ist überhöht und aufgehoben alle Unterschiedenheit. Und in letzter Folgerichtigkeit erklärt Ramakrischna:
„Ist ein Dorn ins Fleisch gedrungen, so entfernt man ihn mittels eines andern Dorns und wirft dann beide weg. So auch behebt die nur relative (beziehungsweise) Erkenntnis die relative Unkenntnis, die das Auge des Selbst blind macht. Da solche Erkenntnis samt der Unkenntnis sehr richtig in dem einen Wort Unwissenheit gefasst wird, so ist zu sagen: Wer das höchste Wissen – oder die Erkenntnis des Absoluten – erreicht hat, der tut schließlich ab sowohl Unkenntnis als auch Erkenntnis, da er nun frei ist von jedweder Zweiheit."
„Lakschman fragte einmal seinen göttlichen Bruder: „O Rama, ist es nicht seltsam, dass ein Erkennender wie der göttliche Sänger Wasischta um den

Verlust seiner Söhne geweint haben soll und sich nicht trösten konnte?" Daraufhin Rama: „Nun, ja, Bruder! Aber bedenke, dass, wer Erkenntnis besitzt, zu gleicher Zeit Unkenntnis haben muss: Wer die Erkenntnis der Einheit hat, muss auch die der Unterschiedenheit haben; wer das Bewusstsein von Licht hat, muss auch das von Finsternis haben: Da doch alles, was in Wechselbeziehung zueinander steht, dem Bereich des Nichtwissens angehört. Wofern jemand nicht gelangt ist jenseits der Gegensätze, kann er nicht frei sein von Leid und Unwissenheit" – Brahman steht über und jenseits von Erkenntnis und Unkenntnis, von Gut und Böse, Recht und Unrecht, kurz: Jenseits aller Zweiheit."

Und ein andermal tut Ramakrischna den tiefen Ausspruch:

„Dharma bedeutet gute Werke, wie etwa Barmherzigkeit. Nimmst du die Frucht der guten Werke, so musst du auch nehmen die Frucht der bösen Werke. Nimmst du die Frucht der Tugend, so musst du auch die Frucht der Sünde nehmen. Die Erkenntnis des Einen [Eins und Einheit hier nicht im Sinne der letzten Erkenntnis, sondern bloß der Zahl nach] schließt die Erkenntnis des Vielen ein. Redest du von Reinheit, so kannst du nicht ledig werden des Gegenteils, der Unreinheit. Die Erkenntnis des Lichtes schließt ein die Erkenntnis der Finsternis, ihres Gegenteils. Die Erkenntnis der Einheit schließt in sich die der Mannigfaltigkeit."

Also auch der Begriffsgegensatz von Eins und Viel ist überhöht und aufgehoben in der wahren Erkenntnis.

„Die durch Glauben Heilenden in Indien verordnen ihren Patienten, mit voller Überzeugung die Worte zu wiederholen: „Ich bin nicht krank", „Krankheit gibt es überhaupt nicht". Die Patienten sprechen diese Worte immer wieder und durch diese innerliche Verneinung schwindet die Krankheit. So auch, wenn du dich selbst für sittlich schwach hältst und ohne Güte, wirst du alsbald wirklich so sein. Wisse und glaube, du habest unermessliche Kraft, und diese wird dir schließlich werden."

Die Allmacht des schaffenden Ich, welches eins ist in dem All-Einen! – Aber freilich: „Erkenntnis-Joga ist außerordentlich schwer in der gegenwärtigen Weltzeit [dem sogenannten Kali-Juga]. Denn erstens hängt unser Leben in dieser Weltzeit ab von der Nahrung. Zweitens ist die Frist des Menschenlebens in ihr viel zu kurz für ein solches Ziel. Drittens ist es fast unmöglich, in dieser Weltzeit frei zu werden von dem zäh haftenden Glauben, das Selbst sei gleich dem Leibe. Wissen wir doch, dass der Erkennende zu der Überzeugung kommen muss: „Ich bin nicht der Leib, ich bin Eines mit dem All-Geist, dem absoluten Wesen. Und weil ich der

Leib nicht bin, so bin ich auch nicht unterworfen den Notwendigkeiten des Leibes, als da sind Hunger, Durst, Geborenwerden, Sterben, Kranksein u. dgl." – Wer unterworfen ist diesen Notwendigkeiten des Leibes und sich dabei einen Erkennenden nennt, gleicht einem Menschen, dem ein Dorn die Hand blutig gerissen und heftige Schmerzen verursacht hat und der gleichwohl spricht: „O nein, meine Hand ist keineswegs blutig gerissen. Es ist alles in Ordnung". Solcherlei Rede tut es nicht. Vor allem müssen die Dornen zu Asche verbrannt sein durch das Feuer der Erkenntnis."

„Überaus beschränkt ist die Zahl derer, die die göttliche Weisheit erlangen. Sagt doch die Bhagavad-Gita [VII, 3]: „Unter tausend Menschen strebt kaum einer nach der Vollendung, und unter den so Strebenden und Gesegneten gibt es kaum einen, der mich wahrhaftig kennt."

„Schmuckstücke können nicht aus purem Golde hergestellt werden. Eine gewisse Legierung muss beigemischt sein. Ein Mensch, der restlos befreit ist von Maja, vermag nicht länger zu leben als einundzwanzig Tage. Solange als der Mensch einen Leib hat, hat er notwendig auch etwas von Maja, es sei noch so wenig, um sein Leibesleben fortsetzen zu können."
Gleichwohl:
„Wenn bei der Kaulquappe der Schwanz abgefallen ist, so vermag sie sowohl im Wasser als auf dem Lande zu leben. Ist der Schwanz der Unwissenheit abgefallen, so ist der Mensch frei. Er kann dann gleichermaßen leben sowohl in Gott als auch in der Welt."
Von ihm gilt:
„Ein vollkommener Mensch gleicht dem Blatte des Lotus im Wasser oder dem Schlammfisch im Morast. Keines von diesen wird verunreinigt durch das Element, in dem es sich aufhält."
„Wie ein Wasservogel, etwa ein Pelikan, ins Wasser taucht, das Wasser aber sein Gefieder nicht nass macht, so lebt der Vollkommene in der Welt, jedoch die Welt berührt ihn nicht."
„Der Schwan vermag Milch und Wasser zu sondern: Die Milch trinkt er, das Wasser lässt er unberührt. Andere Vögel haben diese Fähigkeit nicht. Ähnlich ist Gott innig vermengt mit Maja. Die gewöhnlichen Menschen sind nicht imstande, ihn getrennt von Maja zu schauen. Nur der Paramhamsa tut die Maja ab und behält Gott allein."
„Das Eisen, welches, berührt vom Stein der Weisen, verwandelt ist in Gold, kann vergraben oder auf den Schutt geworfen werden, immer bleibt es Gold und kehrt nie wieder zurück zu seiner früheren Beschaffenheit. Das nämliche geschieht mit demjenigen, welcher einmal berührt hat die Füße

des Allmächtigen. Ob er nun verweilt im Lärm des Alltags oder in der Einsamkeit des Waldes, nichts kann ihn mehr beflecken."
Und:
„Das Schwert aus Stahl wandelt sich durch Berührung mit dem Stein der Weisen in Gold. Obwohl es nun seine bisherige Gestalt beibehält, kann es doch niemanden mehr verletzen. – Also bleibt die äußere Gestalt eines Menschen, der die Füße des Allmächtigen berührt hat, unverändert, aber nimmermehr verübt er Böses."
„Gleichwie ein Tau, zu Kohle verbrannt, seine Form beibehält, aber nicht mehr binden kann: So behält der im Feuer der Erkenntnis Verbrannte nur die Form der Ichheit, ohne deren bindende Eigenschaft."
„Der verbrannte Kampfer hinterlässt keinen Rückstand. – Endet der Unterschied und ist der formlose Samadhi erreicht, so gibt es kein Ich, kein Du und kein Weltall mehr: Denn dieses individuelle Ich mit aller Ichsucht ist untergetaucht in das absolute Brahman."

DER WEG DES ERKENNENDEN

„Ein Holzhauer führte ein elendes Dasein von dem geringen Erwerb, den er durch den täglichen Verkauf des Holzes aus einem nahen Walde sich verschaffen konnte. Einst sah ihn ein Sannjasin, der durch den Wald kam, an der Arbeit und riet ihm, weiter in das Innere des Waldes zu gehen, es würde nicht zu seinem Schaden sein. Der Holzhauer befolgte den Rat und ging waldeinwärts, bis er zu einem Sandelbaum kam. Sehr erfreut nahm er so viel von dem Holze mit, als er tragen konnte, verkaufte es auf dem Markte und erzielte großen Gewinn. Dann dachte er darüber nach, warum wohl der gute Sannjasin ihm nichts gesagt hatte von dem Sandelgehölz, sondern ihm einfach geraten hatte, weiter in den Wald hineinzugehen. So machte er sich am nächsten Tage noch weiter hinaus über den Standort der Sandelbäume und kam schließlich zu einer Kupfermine, und er nahm mit sich so viel Kupfer als er zu tragen imstande war und verdiente auf dem Markte viel Geld damit. Kommenden Tages blieb er nicht bei der Kupfermine stehen, sondern ging immer weiter, wie der Heilige ihm geraten hatte, und geriet an eine Silbermine und nahm mit sich so viel als er tragen konnte, verkaufte es und gewann noch mehr Geld. Und so ging er jeden Tag ein Stück weiter und fand Gold- und Diamantminen und wurde zum Schluss unermesslich reich. – So ist es mit einem Menschen, der nach der wahren Erkenntnis trachtet. Bleibt er nicht stehen auf seinem Wege, nachdem er einige außergewöhnliche und übernatürliche Kräfte erlangt hat, so wird er schließlich wahrhaftig reich an der ewigen Erkenntnis der Wahrheit."

„Sei versichert, wenn dein Gebet aus dem Grunde des Herzens kommt, so wird es meine Mutter erhören, wofern du nur Geduld haben willst. Bete zu ihr, wenn du ihr unpersönliches Selbst zu erleben wünschest. Würdigt sie dein Gebet der Gewährung, so wird dir zuteil werden, in Samadhi zu erleben ihr unpersönliches Selbst. Dies ist das gleiche wie die Brahman-Erkenntnis."

„Derjenige, welcher schwimmen lernen will, muss es etliche Tage versuchen. Keiner darf wagen, im Meere zu schwimmen, nachdem er bloß einen Tag sich geübt hat. So auch musst du, willst du schwimmen im Meere Brahman, mancherlei vergebliche Versuche anstellen, ehe denn du darin mit Erfolg zu schwimmen vermagst."

Das erste und wichtigste – und letzten Endes alles – ist die Konzentration.

„Ein Asket sah einen Hochzeitszug über eine Wiese gehen mit Trommelschlag und Trompetengeschmetter und großem Gepränge. Dicht am Wege, den der Aufzug nahm, sah er einen Jäger, der nach einem Vogel zielte und vollständig darin aufging: Nicht mit einem einzigen Blick achtete er auf den Lärm und das Gepränge des Aufzugs. Der Asket grüßte den Jäger und sprach zu ihm: „Herr, du bist mein Guru [Führer]. – Wenn ich meditiere, lass meinen Sinn so konzentriert sein auf seinen Gegenstand, wie der deine auf den Vogel gerichtet war!"

„Ein Reiher ging sachte vor, um einen Fisch zu fangen. Hinter ihm stand ein Jäger mit einem Pfeile nach ihm zielend. Doch der Vogel achtete des Jägers in keiner Weise. Ein Asket sah dies, grüßte den Reiher und sagte: „Wenn ich meditiere, lass mich deinem Beispiel folgen und niemals nach rückwärts schauen, wer hinter mir sei."

„So wie es schwierig ist, Senfkörner aufzulesen, die aus einem zerrissenen Paket gefallen und nach allen Richtungen hin verstreut sind, so auch ist es keine leichte Sache, des Menschen Sinn zu sammeln und zu konzentrieren, wenn er nach verschiedenen Richtungen hinläuft und mit vielerlei Dingen der Welt beschäftigt ist."

„In welcher Verfassung der Seele kann das Gottschauen eintreten? Gott kann nur geschaut werden, wenn die Seele ruhig ist. Ist der innere See bewegt durch den Wind der Begierden, so kann er Gott nicht widerspiegeln und dann ist das Gottschauen unmöglich."

Als der Meister einmal gefragt wurde: „Hast du die mindeste Vorstellung vom Ich, wenn du in Samadhi versenkt bist?", antwortete er: „Ja, für gewöhnlich bleibt ein geringer Rest des Ich zurück. Es ist wie ein Goldstäubchen, das an ein Stück Gold gerieben sich nicht ganz verliert. Alles Außenbewusstsein verschwindet, aber ein weniges vom Ich lässt der Herr bestehen, um seiner zu genießen. Bisweilen zerreibt er jedoch sogar dieses geringe Ich. Dies ist dann formloser Samadhi. Niemand kann aussagen, was für ein Zustand das ist: Es ist absolutes Aufgehen des individuellen Selbst im Allselbst."

„Du gehst zurück zum höchsten Wesen und deine Persönlichkeit wird eins mit ihm. Dies ist Samadhi. Sodann wendest du deine Schritte. Du erlangst dein Ich wieder und kommst zu dem Punkt, von dem du ausgegangen, um nunmehr zu wissen, dass die Welt und dein Ich ein und demselben höchsten Wesen entfließt und dass Gott, Mensch und Natur nur Aspekte sind der Einen Wirklichkeit, so dass, wenn du eines davon vollkommen erfassest, du sie alle erlebst."

Oder:

„Welches ist das Verhältnis zwischen Dschivatman und Paramatman, dem persönlichen und dem höchsten Selbst? – Es ist, wie wenn eine Holzplanke quer durch ein Wasser gelegt wird: Das Wasser scheint geteilt in zwei. So scheint auch das Unteilbare geteilt in zwei durch die Grenzsetzungen der Maja. In Wahrheit sind sie beide ein und dasselbige."

„Wie das Wasser und die Blasen, die sich darin bilden, ein und dasselbe sind und wie die Blasen im Wasser entstehen, auf dem Wasser schwimmen und schließlich im Wasser wieder zergehen: So sind Dschivatman und Paramatman ein und das nämliche. Der Unterschied besteht nur in den Graden: Das eine ist endlich und klein, das andere unendlich; das eine ist bedingt, das andere unbedingt."

„Wie kann jemand zu Gott kommen? – Er muss Leib und Seele und alles aufgeben, um ihn zu finden."

„Die verzauberte Seele ist der Mensch; vom Zauber befreit ist sie Schiwa [Gott]."

„Der wahrhaft Weise ist derjenige, welcher den Herrn geschaut hat. Er wird wie ein Kind. Das Kind scheint Individualität, Selbsteigenheit, zu besitzen. Indessen diese Individualität ist bloßer Schein, nicht Wirklichkeit. Das Ich des Kindes ist nichts dergleichen wie das Ich des Erwachsenen."

„Das Ich des Kindes gleicht dem Antlitz, das der Spiegel zurückwirft. Das

Gesicht im Spiegel sieht genau so aus wie das wirkliche – nur dass es niemand Leid antut."

„Das Ich des Gottdienenden, das Ich des Frommen und das Ich des Kindes gleicht einer Linie, die mit einem Stecken über eine Wasserfläche hin gezogen wird. Sie hat keinen Bestand."

„Einst kam eine Sannjasini auf den königlichen Hof des Dschanaka. Der König verbeugte sich vor ihr, aber er sah ihr nicht ins Gesicht. Die Asketin sprach: „O Dschanaka, wie seltsam ist es doch, dass du Frauen so sehr fürchtest! Wer zur vollkommenen Erkenntnis gelangt ist, dem wird die Art eines fünfjährigen Kindes: Er sieht keinen Unterschied zwischen männlich und weiblich." – Indessen bedeuten die geringen Makel des Erkennenden nicht allzu viel. Auch der Mond hat Flecken, aber sie stören seinen Lichtglanz nicht."

Der, welcher Brahman erlebt hat, ist über alles erhaben, was bindet und trennt.

„Ist man in einer Ebene, so sieht man das niedere Gras und die hohen Bäume und spricht: „Wie groß ist doch der Baum und wie klein das Gras!" Steigt man jedoch auf einen Berg und blickt von seinem hohen Gipfel auf die Ebene hinab, so verschwimmen die hohen Bäume und das niedrige Gras in einer ununterscheidbaren Masse von Grün. So gibt es in den Augen der Weltmenschen Unterschiede nach Rang und Stand, wenn aber das göttliche Auge sich auftut, so hört auf die Unterscheidung von hoch und niedrig."

„Gut und Böse vermag nicht zu binden denjenigen, welcher erlebt hat das Einssein von Natur und Ich mit Brahman."

„Schließe fest ein in dem Gewand die Erkenntnis des Zweitlosen und dann tue, was immer du magst."

Totapuri, der Asket, pflegte zu sagen: „Wenn ein eherner Topf nicht täglich gescheuert wird, so wird er rostig. Wenn ein Mensch nicht täglich über die Gottheit Betrachtungen anstellt, so wird sein Herz unrein."

Darauf erwiderte Ramakrischna: „Ja, wenn aber ein Gefäß aus Gold ist, so bedarf es nicht der täglichen Reinigung. Der Mensch, welcher zu Gott gelangt ist, bedarf der Gebete und der Bußübungen nicht mehr."

„Ist es gut, die Brahmanenschnur zu tragen? [Das Abzeichen der Brahmanenwürde.] – Wenn die Erkenntnis des Selbst gewonnen ist, fallen alle Fesseln ab von selbst. Denn dann ist kein Unterschied mehr zwischen einem Brahmanen und einem Sudra, einer hohen Kaste und einer niederen. Dann fällt das geheiligte Abzeichen der Kaste von selbst ab. Aber solange ein Mensch noch das Bewusstsein des Unterschiedes hat, sollte er es nicht geflissentlich beiseite werfen."

„Wird eine Frucht reif und fällt von selbst ab, so schmeckt sie süß; wird aber eine Frucht unreif gepflückt und künstlich zur Reife gebracht, so schmeckt sie nicht süß und schrumpft ein. Desgleichen wenn einer zur Vollkommenheit gekommen ist, so fällt ganz von selbst von ihm ab die Beobachtung der Kastenunterschiede; solange jedoch die erhabene Erkenntnis nicht erreicht ist, hat er die Kastenunterschiede zu beachten."

„Ist eine Wunde vollständig geheilt, so fällt der Schorf von selbst ab; wird er früher entfernt, so blutet die Wunde. Ähnlich ist es, wenn die vollkommene Erkenntnis erreicht ist von einem Menschen, so fallen die Unterschiede der Kasten von ihm ab. Aber unrecht ist es vom Nichterkennenden, solche Unterschiede zu brechen."

„Fromme Übungen sind notwendig, solange nicht Tränen der Verzückung fließen, wenn man den Namen Hari [Name des Gottes Wischnu] hört."

Dabei bleibt in Geltung:

„Soll der Gottergebene eine besondere Tracht tragen? – Die Wahl eines entsprechenden Gewandes ist gut. Gekleidet in eines Sannjasin orangefarbene Gewänder oder versehen mit dem Tamburin und dem Zimbel des Bettelmönchs kann keiner leichtfertige und profane Dinge äußern oder weltliche Lieder singen. Aber der Sinn eines Menschen, der sich nach der eleganten Art des Stutzers kleidet, wird naturgemäß zu seichten Gedanken neigen und sein Mund minderwertige Lieder singen."

„Fällt ein Blatt von der Kokospalme, so hinterlässt es eine Narbe am Stamm, woran zu erkennen ist, dass da einmal ein Blatt gewesen. Also trägt auch derjenige, welcher zu Gott gekommen ist, noch ein Mal der Ichheit: die Narben der Leidenschaften und des Ärgers. – Seine Natur gleicht der des Kindes: Bei einem solchen sind noch nicht gefestigt die Qualitäten von Sattwa, Radschas und Tamas [Güte, Leidenschaft, Düsternis], so dass es ebenso rasch bereit ist, einem Dinge nachzuhängen, als ihm zu entsagen. Du kannst ein Kind überreden, dir ein Stück Tuch zu schenken im Werte von fünf Rupien für ein Spielzeug, das ein paar Pfennige wert ist – wenn es auch zögernd sagen wird: „Nein, ich gebe es dir nicht, Vater hat es mir gekauft." Dem Kinde ist jedermann gleich, es kennt nicht den Unterschied von hoch und niedrig, also auch nicht den Unterschied der Kasten. Die Mutter hat gesagt: „Der und der ist dein Bruder", folglich nimmt es Reis von demselben Teller, aus dem eines Zimmermanns Sohn isst. Auch kennt es den Hass nicht und hat keine Vorstellung von Reinlichkeit und

Unreinlichkeit."
Darum wird der Erkennende, der das höchste Selbst erlebt, dem Weltmenschen oft gar fremdartig erscheinen.
Einmal kam ein gotttrunkener Asket zum Tempel der Kali. An einem Tage bekam er keine Nahrung, erbat aber auch keine, obzwar ihn hungerte. Da sah er einen Hund, der in einer Ecke die Überreste eines Mahles verzehrte. Er ging hin, umarmte den Hund und sprach: „Bruder, warum isst du, ohne mir etwas davon zu geben?" Und er begann mit dem Hunde zusammen zu essen. Jedermann hielt ihn für verrückt. Nachdem er sein Mahl in des Hundes Gesellschaft beendet, ging er in den Tempel der Mutter Kali und betete und sang mit solcher Inbrunst, dass der Tempel zu erbeben schien. Danach ließ Ramakrischna seinen Vetter Hridaj dem Asketen folgen, um Bescheid zu wissen. Der Asket fragte, warum man ihm nachfolge und gab dann diese Erklärung: „Wenn das Wasser in diesem schmutzigen Graben · und dort der glorreiche Ganges deinen Augen als das nämliche erscheint, und wenn der Klang jener Flöte und der Lärm dieser Volksmenge für dein Ohr sich nicht unterscheidet, dann hast du erreicht die wahrhaftige Erkenntnis." Als nun Hridaj zurückkam und solches Ramakrischna berichtete, da sagte dieser:
„Dieser Mensch hat erreicht wahre Verzückung und Erkenntnis. Die wahren Heiligen gehen umher wie Kinder oder wie Irrsinnige, in schmutzigen Gewändern und in mancherlei andern Verkleidungen."
„Der, welcher Gott geschaut hat, wandert umher bald wie ein Irrsinniger, bald wie ein unreiner Geist, ohne den Unterschied zu empfinden zwischen Rein und Unrein. Mitunter gleicht er einem leblosen Ding, gelähmt außen und innen, infolge des Gottesgesichtes. Manchmal ist er wie ein Kind: Er weiß nichts von Schicklichkeit, gleich einem Kinde, das seine Kleider unterm Arm umherträgt. – Hat er jedoch zu wirken für das Wohl anderer, so ist er mannhaft wie ein Löwe."
„Der allein ist ein wahrer Mensch, welcher erleuchtet ist vom Lichte wahrhafter Erkenntnis. Die andern sind Menschen bloß dem Namen nach."
Der wahrhaft Erkennende weiß stille zu sein, er ist Meister des Schweigens.
„Solange als einer noch schreit: „O Gott, o Gott!" hat er sicherlich Gott noch nicht gefunden; denn der, welcher Gott gefunden hat, wird still."
„Solange die Biene außerhalb der Lotusblüte sich befindet, schwebt sie summend um sie herum. Ist sie aber ins Innere gelangt, trinkt sie geräuschlos den Blütensaft. Solange als ein Mensch um Lehrsätze und

Dogmen streitet und disputiert, hat er noch nicht geschmeckt den Nektar des wahren Glaubens. Sobald er ihn schmeckt, wird er ganz stille."

„Die Weltmenschen vollführen mancherlei fromme und mildtätige Werke in der Hoffnung auf weltlichen Lohn; sobald aber Missgeschick, Sorge, Armut sie heimsuchen, da vergessen sie alles. Sie sind wie die Papageien, welche die göttlichen Namen Radha – Krischna, Radha – Krischna immer und immer wiederholen, aber sogleich die Gottesnamen vergessen haben und Ka Ka schreien, wenn sie von einer Katze erhascht werden."

„Gleichwie der Wert des Goldes und des Messings erkannt wird durch Reiben am Probierstein – so auch werden der echte Heilige und der Heuchler als solche erfunden, sobald sie gerieben werden an dem Probierstein der Verfolgungen und des Missgeschicks."

„Ein Stein mag unzählige Jahre im Wasser liegen, das Wasser wird nicht in ihn eindringen. Der Lehm dagegen ist gar bald zu Schmutz erweicht durch die Berührung mit Wasser. So auch kennt das starke Herz des Gläubigen keine Verzweiflung inmitten der Versuchungen und der Verfolgungen, wogegen ein Mensch schwachen Glaubens erschüttert wird von den geringfügigsten Anlässen."

„Wird Wasser in ein leeres Gefäß gegossen, so entsteht ein gurgelndes Geräusch; füllt sich das Gefäß, so hört das Geräusch auf. Ähnlich der Mensch, der Gott noch nicht gefunden hat: Er ist voll eitlen Schwätzens über Gottes Dasein und Eigenschaften. Wer einmal Gott geschaut, der freut sich schweigend der göttlichen Wonne."

„Will jemand reines Wasser schöpfen aus einem seichten Brunnen, so darf er nicht darin herumrühren, sondern muss es sachte von oben nehmen. Wird es in Unordnung gebracht, so geht der Bodensatz in die Höhe und das ganze Wasser wird schmutzig und trübe. – Wünschest du rein zu werden, so vertue deine Kraft nicht in unnützem Disputieren und Argumentieren, sondern gehe langsam und leise mit deinen religiösen Übungen vor. Sonst gerät dein kleines Hirn in Unordnung."

Als einmal ein Theoretiker Ramakrischna fragte, was Erkenntnis, Erkennender und erkanntes Objekt seien, antwortete der Prophet: „Mein Lieber, ich weiß nichts von all diesen Spitzfindigkeiten der Schulgelehrsamkeit, ich weiß nur von mir und meiner göttlichen Mutter Kali."

„Solange jemand nicht schlicht wird wie ein Kind, erlangt er nicht göttliche Erleuchtung. Vergiss alles weltliche Wissen, das du erworben hast und werde also unwissend wie ein Kind: Sodann wirst du erlangen die

Erkenntnis des Wahren."

„Disputiere nicht! Gleichwie du selbst bei deinem Glauben und deiner Überzeugung bleibst, so lass auch andern die nämliche Freiheit, festzuhalten an dem ihrigen. Durch bloßes Disputieren wirst du niemals einen andern seines Irrtums überführen. Kommt die Gnade Gottes über ihn, sieht ein jeglicher seinen Irrtum bald ein."

„Wie der Feuerstein tausend Jahre unter Wasser liegen kann, ohne sein inneres Feuer zu verlieren, und herausgenommen und angeschlagen, Feuerfunken gibt, so wird auch ein Mensch, der beschenkt ist mit Gottes Gnade, innerlich kein anderer, selbst wenn er von den Unreinheiten der Welt umgeben bleibt."

„Derjenige, welcher es hier hat [im Herzen], hat es auch dort [draußen]. Der, welcher Gott nicht findet innerhalb seiner selbst, wird ihn nimmer finden außerhalb seiner. Wer ihn aber im Tempel seiner Seele schaut, der schaut ihn auch im Tempel des Alls."

Die Erkenntnis bringt Erlösung und vollendete Freiheit.

Auf die Frage: „Welches ist das nächste Dasein?" antwortet Ramakrischna: „Solange ein Mensch unwissend bleibt, d. h. solange als er Gott nicht erlebt, muss er abermals geboren werden. Hat er aber die Erkenntnis erlangt, so braucht er nicht wieder zu kommen in diese Welt oder sonst irgend an einen Ort. – Die Töpfer stellen die Töpfe in die Sonne zum Trocknen. Es gibt gebrannte und ungebrannte. Etliche werden zerbrochen vom Vieh, welches zwischendurch geht. Werden gebrannte Töpfe zerbrochen, so werden sie vom Töpfer weggeworfen, weil unbrauchbar geworden. Werden ungebrannte zerbrochen, so werden sie zusammengeknetet und auf die Scheibe getan, um neue daraus zu machen. So auch muss einer in des Töpfers Hand kommen, d. h. muss immer wieder geboren werden in dieses Leben, bis dass er Gott geschaut. – Was würde geschehen, wenn gekochter Reis gesät würde? Er würde nicht aufgehen. Einmal vollendet im Feuer der Erkenntnis wird ein Mensch nicht länger schaffen müssen: Er ist erlöst (mukta)."

MEISTER UND SCHÜLER

„Wie das Regenwasser vom Dache eines Hauses abgeleitet wird durch Röhren, deren Ausfluss geformt ist in Gestalt eines Tiger-, eines Kuh- oder eines Bullenkopfes u. dgl., das Wasser aber den Röhren nicht zugehört, sondern aus höheren Regionen kommt, so ist es auch mit den Heiligen, durch deren Mund hindurch ewige himmlische Wahrheiten in diese Welt geleitet werden von dem Allmächtigen."

„Das Gaslicht erhellt verschiedene Räume mit ungleicher Stärke. Aber das Leben des Gaslichtes kommt her aus einem einzigen Behälter. So gleichen die wahren religiösen Meister aller Zonen und aller Zeiten ebenso vielen Lampen, mittels deren ausgesandt wird das Leben des unaufhörlich der einen Quelle – dem Allmächtigen – entströmenden Geistes."

„Die Gesellschaft der Heiligen und Weisen ist eines der Hauptmittel geistigen Fortschritts."

„Viele kommen zu mir und ich habe beobachtet, wie etliche darunter begierig sind, meine Worte anzuhören. Aber dann gibt es auch welche, die in meiner Nähe unruhig werden. Sie flüstern ihren Freunden zu: „Wir wollen gehen, wollt ihr nicht mit? Nun, wenn ihr bleiben wollt, dann ziehen wir es vor, ins Boot zu gehen und euch dort zu erwarten." – Darum sage ich euch, die Zeit ist ein wichtiges Moment in diesen Dingen. Geistiges Erwachen ist in hohem Grade eine Frage der Zeit. Der Führer [Guru] ist bloß eine Hilfe."

Ins folgende spielt wieder die alte Weisheit der Lebensperioden herein:

„Erkenntnis kann nicht mit einem Male übermittelt werden. Sie zu erreichen, ist eine Sache der Zeit. Nimm an, ein Fieber sei von ernster Art. Der Arzt kann unter den gegebenen Verhältnissen kein Chinin verschreiben; er weiß, es würde nicht guttun. Das Fieber muss erst nachlassen, und das hängt von der Zeit ab, dann erst ist Chinin von Nutzen. Manchmal geht das Fieber vorüber auch ohne Chinin oder sonst ein Medikament. Genau das gleiche ist der Fall mit einem Menschen, welcher nach Erkenntnis sucht. Religiöse Vorschriften erweisen sich oft als nutzlos, solange einer in dem Weltwesen befangen ist. Man gewähre einem Menschen für eine gewisse Frist den Genuss der Welt. Ist seine Anhänglichkeit an die Welt geringer geworden, dann ist es Zeit, dass religiöse Unterweisungen Wurzel in ihm fassen können. Bis dahin sind alle derartigen Unterweisungen bei ihm erfolglos."

„Wie ein Knabe schreiben lernt, indem er dicke Striche kritzelt, bevor er die kleine Hand zu meistern imstande ist, so muss man die geistige Konzentration lernen, indem diese zuerst an Geformtes sich hält, dann kann man leicht dem Formlosen sich zuwenden."

„Das neugeborene Kalb fällt und torkelt viele Male, ehe es sicher auf den

Beinen stehen lernt. Also auch gibt es auf dem Pfade des Frommseins mancherlei Fehltritte, bevor ein Erfolg erreicht ist."

„Hast du den ernsten Willen, gut und rein zu werden, so wird Gott den wahren und rechten Meister [Guru] dir senden. Ernstliches Wollen ist das allein Erforderliche."

„Es mag einer den rechten Pfad nicht wissen, aber er hat Liebe zu Gott, er hat den lebendigen Wunsch, ihn zu erkennen. Solch einer gewinnt ihn durch die reine Kraft der Liebe. Es hat einen großen Frommen gegeben, welcher sich auf den Weg nach Dschagannath [der berühmte Wischnutempel und Wallfahrtsort] machte, doch er kannte nicht den Weg nach Puri, und anstatt hinwärts zu gehen, entfernte er sich davon. Aber mit begierigem Herzen fragte er jedermann, der ihm unterwegs begegnete. Man sagte ihm: „Dies ist nicht der Weg, gehe jenen." Der Fromme erreichte schließlich Puri, sein Wunsch ward erfüllt. Hat ein Mensch den Willen, so tut es nichts zur Sache, ob er des Weges unkundig ist; er wird sicherlich jemand finden, der ihn zurechtweist. Es mag einer zunächst irregehen – zuletzt findet er den richtigen Pfad."

Ja:

„Wer ganz aufrichtigen und starken Wollens den Allmächtigen anrufen kann, braucht keinen Führer. Aber selten ist solch ein Wollen: Daher die Notwendigkeit eines Guru oder Führers."

„Gleichwie jemand, der in ein fremdes Land gehen will, an den Bescheid eines einzigen, der den Weg kennt, sich halten muss, da Weisungen vieler nur zu Irrungen führen, ebenso sollte jeder in dem Bemühen, Gott zu finden, unbedingt der Unterweisung eines einzigen Führers, der den Weg zu Gott kennt, folgen."

„Es geht eine Fabel, die Perlenmuschel verlasse ihr Bett auf dem Meeresgrund und komme nach oben, um die Regentropfen aufzufangen, wenn der Stern Swati [Arkturus im Sternbild des Bootes] im Aufstieg begriffen ist. Sie schwimmt an der Oberfläche des Meeres umher mit geöffnetem Munde, bis dass es ihr gelingt, eben Tropfen des wundersamen Swati-Regens zu erhaschen. Dann taucht sie wieder unter zu ihrem Bett am Meeresgrund und bleibt da, bis sie aus dem Regentropfen eine schöne Perle gebildet hat. Also auch wandert ein wahrhaft und ernst Suchender von Ort zu Ort, um das Losungswort zu finden von den Lippen eines göttlich vollkommenen Meisters, der ihm öffnen will das Tor der ewigen Seligkeit. Und ist er in seinem rastlosen Suchen so glücklich gewesen, einen solchen Führer gefunden und die glutvoll ersehnte Hilfe – welche alle Fesseln bricht – erlangt zu haben, dann zieht er sich schleunigst zurück von der Gesellschaft, schließt sich ein in die Tiefe seines Herzens und bleibt da, bis dass er gewonnen hat den ewigen Frieden."

Zwar:

„Führer gibt es zu Hunderten, aber auch nur ein einziger guter Schüler [Tschela] ist gar selten zu finden."

„Wie mitten auf dem Ozean ein Vogel, der seinen Sitz auf dem Topmast eines Schiffes gefunden, überdrüssig seines Aufenthaltes hinwegfliegt, um eine neue Raststelle zu finden und ohne eine solche gefunden zu haben schließlich müde und erschöpft zurückkehrt zu seinem alten Platz auf der Spitze des Mastes – so geht es dem gewöhnlichen Schüler, wenn er, verdrießlich durch die Einförmigkeit der Aufgabe und der Disziplin, die ihm sein wohlgeneigter und wohlerfahrener Meister auferlegt hat, alle Hoffnung und alles Vertrauen verliert und in die Weite auf die Suche geht nach einem neuen Meister, um schließlich sicher zurückzukehren zu seinem ersten Meister – nach fruchtlosem Suchen, welches indessen die Achtung des reuigen Schülers vor seinem Meister nur erhöht hat."

„Ein Mann begann einen Brunnen zu graben, aber als er in eine Tiefe von zwanzig Ellen gekommen war und kein Wasser fand, das seinen Brunnen füllen könnte, da ließ er ab von seiner Arbeit und wählte eine andere Stelle. Hier grub er tiefer, aber auch da konnte er kein Wasser entdecken. So wählte er abermals eine andere Stelle und grub noch tiefer, aber gleichfalls ohne Erfolg. Schließlich gab er im höchsten Missmut die Sache ganz auf. Die Gesamttiefe der drei Brunnenlöcher betrug fast hundert Ellen. Hätte der Mann die Geduld gehabt, auch nur die Hälfte der ganzen Arbeit dem ersten Brunnen zu widmen, anstatt den Ort beständig zu wechseln, so hätte er sicherlich Erfolg gehabt in seinem Suchen nach Wasser. So ist es mit Menschen, welche immerfort ihren Zustand bezüglich des Glaubens ändern. Um Erfolg zu haben, sollten wir uns ganz und gar einem einzigen Glaubensobjekt widmen, ohne an seiner Wirksamkeit zu zweifeln."

„Nimm die Perle und wirf die Schale weg. Folge der Anweisung, die dein Meister dir gibt, und lass seine menschlichen Schwächen außer acht."

„Höre nicht darauf, wenn jemand Kritik übt an deinem Meister und ihn tadelt. Verlasse eines solchen Umgang unverzüglich."

„Immer ist unter der Lampe ein Schatten, während ihr Licht die Gegenstände ringsumher beleuchtet. So verstehen die Menschen in der unmittelbaren Nähe eines Propheten diesen nicht. Diejenigen, welche fern von ihm leben, sind entzückt von seinem Geist und seinen außerordentlichen Kräften."

Das bekannte Neutestamentliche: Nemo propheta acceptus in patria sua (Kein Prophet gilt etwas in seinem Vaterlande!).

„Wer seinen geistigen Führer für einen bloßen Menschen hält, wird keine großen Fortschritte im Geistigen machen."

„Habe keinerlei Bedenken, wenn ein Meister nicht gelehrt, nicht wohlbewandert erscheint in den Wahrheiten der Schastras und anderer heiligen Schriften. Nimm keinen Anstoß daran, so er kein Buchgelehrter ist. Durchaus nicht! Denn nicht fehlt ihm Lebensweisheit. Er besitzt einen nie versagenden Vorrat an göttlicher Weisheit, an Wahrheiten, ihm unmittelbar eingegeben, die sich hoch erheben über die Weisheit, die in Büchern gelehrt wird."

„Ein einziger Strahl von dem Licht, das da kommt von der Göttin der Weisheit, meiner Gottesmutter, hat die Gewalt, sämtliche Buchgelehrten in Gewürm zu verwandeln, das auf dem Erdboden kriecht."

„Ein wahrhaft Frommer, der Gott zu erleben wünscht, sollte sorglich sich hüten vor dem Zählen der Blätter [nämlich statt die Früchte des Baumes zu genießen – ein von Ramakrischna sehr gern gebrauchter Vergleich], das ist Sache des bloßen Gelehrten, der seine Gelehrsamkeit zur Schau stellen und Anerkennung haben will. Das Erleben der Wahrheit kann erreicht werden durch Festhalten an einem einfachen Wort. Kann sich einer doch auch mit einem ganz kleinen Instrument, einer Nagelschere etwa, töten."

„Der Geier schwingt sich empor in die Lüfte, aber immerfort schaut er hinab in die Aasgruben auf der Suche nach fauligen Tierleichen. So auch sprechen die Buchgelehrten fertig und fließend über die göttliche Erkenntnis, aber es ist eitel Gerede, immerwährend ist ihr Sinnen darauf gerichtet, wie sie Geld, Achtung, Ehre, Macht u. dgl. gewinnen: Den nichtigen Lohn ihres Studiums."

„Leicht ist zu sprechen: „do re mi fa sol la si", nicht so leicht es zu singen oder auf einem Instrument zu spielen. So ist es auch leicht, Religion zu reden, schwer aber, sie zu tun."

„Die Alltagsmenschen reden ganze Säcke voll Religion, handeln aber nicht ein Körnchen danach, während der Weise wenig redet, sein ganzes Leben jedoch eine in Tat umgesetzte Religion ist."

„Wer es versucht, jemand eine Idee von Gott zu geben mittels bloßer Buchgelehrsamkeit, der gleicht einem Menschen, welcher versucht, jemand einen Begriff zu geben von Benares mittels einer Landkarte oder eines Bildes."

Darum ist nicht jeder ein Führer, der sich selbst dafür hält.

„Hast du, Prediger, das Zeichen deiner Vollmacht erhalten? Gleichwie der geringste Diener des Königs, durch ihn bevollmächtigt, mit Achtung und Scheu angehört wird, und einen Aufstand zu unterdrücken vermag durch Vorzeigung seiner Vollmacht, so musst du, o Prediger, vor allem erlangt haben den Auftrag oder die Eingebung von Gott. Solange du dieses Abzeichen nicht besitzest, magst du reden dein Leben lang – es wird vergeblich sein."

„Ein Heiliger, welcher Medikamente verabreicht und berauschende Mittel gebraucht, ist kein echter Heiliger; meide eines solchen Gesellschaft."

„Als ich einmal durch den heiligen Hain ging, hörte ich das angstvolle Quaken eines Frosches. Ich dachte, das Tier müsse von einer Schlange gepackt worden sein. Als ich viel später auf dem Rückweg dasselbe Geschrei vernahm, sah ich durchs Gebüsch eine Dhora-Schlange [nichtgiftige Wasserschlange] mit einem Frosch im Rachen. Sie konnte ihn weder verschlucken, noch auch wieder heraustun, und daher nahm die Todesangst des Frosches kein Ende. Da dachte ich: Wäre er das Opfer einer Giftschlange, so wäre er nach höchstens drei Schreien für immer verstummt. Nun ist des Frosches Leiden ungefähr das gleiche wie das der Dhora. So ist es, wenn ein Unerleuchteter in seiner Kühnheit die Verantwortung auf sich nimmt, einen andern zum Heile führen zu wollen: Dann ist für sie beide auch kein Ende des Elends. Des Schülers Ich will nicht weichen, noch werden die Bande, die ihn an die Welt knüpfen, zerschnitten. Gerät ein Schüler unter den Einfluss eines unwerten Lehrers, so wird ihm niemals Befreiung. Dagegen erlischt unter einem Berufenen das Ichtum des Daseins in drei Schreien."

„Gleichwie viele vom Schnee bloß gehört haben, ohne ihn je gesehen zu haben, so auch haben viele Religionslehrer bloß gelesen über Gottes Eigenschaften, dieselben aber nie erfahren in ihrem Leben. Und gleichwie viele zwar Schnee gesehen, aber nicht geschmeckt haben, also haben auch viele Religionslehrer lediglich einen flüchtigen Schimmer des göttlichen Glanzes erhascht, niemals aber dessen wahre Wesenheit erfasst. Derjenige allein, welcher den Schnee geschmeckt hat, kann sagen, wie er ist. Desgleichen kann auch nur derjenige die Attribute Gottes beschreiben, welcher mit ihm Gemeinschaft hatte nach dessen verschiedenen Aspekten: Bald als Diener Gottes, bald als sein Freund oder Liebhaber, oder endlich als Eines mit ihm."

„Was denkst du von einem Menschen, der ein guter Redner oder Prediger ist, dessen Geistigkeit aber untentwickelt ist? – Er gleicht einem Manne, der eines andern Vermögen, das ihm anvertraut war, verschwendet. Er hat es leicht, andere zu unterweisen, denn es kostet ihn nichts, dieweil die Ideen, die er vorbringt, nicht sein Eigen sind, sondern anderswoher erborgt."

„Welche Macht hat ein Mensch, andere zu befreien von den Banden der Weltlichkeit? – Derjenige allein, von dem diese zauberhafte Maja, die den Menschen aller Zeitalter ihr Rätsel aufgibt, herrührt, er allein vermag die Menschen davon zu befreien. Keinen andern Pfad gibt es außer der Gnade des wonnevoll wesenhaften Allmeisters. Solche, die zu Gott nicht gekommen sind, die zur Ausrichtung seines Auftrages nicht erwählt sind, die nicht gegründet sind in göttlicher Kraft, welche Kraft sollten sie haben, zu lösen die Lebenden von den Banden der Welt?"

„Was notwendig ist, ist nicht das Ichgefühl im Menschen, nämlich der Eigendünkel des Predigers: „Ich lehre, hört alle zu!" Ichsucht ist nur, wo Unwissenheit, nicht aber wo Erkenntnis ist. Zur Wahrheit gelangt derjenige, der ledig ist des Dunkels. Das Regenwasser bleibt in den Niederungen, von den Bergen rinnt es ab."

„Ein Schüler, der festen Glauben hatte in die grenzenlose Macht seines Guru, ging über einen Fluss, indem er den Namen des Meisters vor sich hinsprach. Der Guru, der dies sah, dachte bei sich: „Ist solche Kraft in meinem Namen? Dann muss ich gewaltig groß und mächtig sein." Am nächsten Tage versuchte er über den Fluss zu wandeln, vor sich hinsprechend: „Ich, ich, ich." Aber kaum hatte er der Fuß ins Wasser gesetzt, als er auch schon sank und ertrank. – Der Glaube kann Wunder wirken, während Eitelkeit und Ichsucht des Menschen Tod bedeuten."

„Kann das reife Ich eine Sekte gründen und Führer sein? – Hat einer im Sinn, Führer zu sein und hat er eine Sekte gegründet, so ist sein Ich unreif. Erhält einer jedoch den Auftrag von Gott, nachdem er ihn erlebt hat, und predigt er um des Wohles der andern willen, so kann hierin kein Arg liegen."

„Es gibt welche, die den Mund sorgfältig abwischen, nachdem sie eine Mangofrucht gegessen, damit es die andern nicht merken. Doch gibt es auch solche, die, nachdem sie eine Mangofrucht bekommen haben, die andern herbeirufen und die Frucht unter alle verteilen. So gibt es auch welche, die, nachdem sie Gottes Seligkeit erfahren haben, sie auch andern zuteil werden lassen möchten."

„Es ist hinreichend gepredigt, wenn einer, statt zu reden, allezeit Gott verehrt. Wer da bestrebt ist, sich selbst frei zu machen, der ist der rechte Prediger. Hunderte kommen dann von überall her zu ihm, dem Freien, und nehmen seine Lehre an. Sobald eine Blume sich öffnet, kommen die Bienen unaufgefordert von allen Seiten herbei."

„Ein Mysterium ist der heilige Bezirk, wo es weder Meister noch Schüler mehr gibt. Die Brahman-Erkenntnis ist die letzte Einheit, in der kein Unterschied mehr ist zwischen Schüler und Meister."

Weitere Bücher aus dem Christof Uiberreiter Verlag:

Das goldene Blatt der Weisheit
Seila Orienta/Franz Bardon

Zum ersten Mal in der okkulten Literatur wird die 4. Tarotkarte des Hermes Trismegistos verständlich beschrieben und offengelegt. Sie beinhaltet unbekannte Konzentrations- und Meditationsübungen. Des Weiteren gibt sie Hinweise und erklärt die Unterschiede zwischen Magie und Mystik und Gefahren des einseitigen Weges. Am Ende steht die Verbindung mit der universellen Gottheit, dem Herrn der Sonnensphäre, welcher quabbalistisch „Metatron" genannt wird.

*

5. Tarotkarte – Mysterien des Steins der Weisen
Seila Orienta/Franz Bardon

Dieses Buch stellt die Vorderseite der Alchemie dar, die die einzelnen praktischen Übungsschritte erklärt, ohne die verschlüsselten Mystifikationen der alten Alchemisten auch nur annähernd zu erwähnen, wie man es aus den anderen Büchern des Franz Bardon kennt. Es wird erklärt, dass ohne vollkommene Beherrschung der 4 Elemente keine Alchemie möglich ist. Des Weiteren wird mit den einzelnen Ebenen, mit den Matrizen, dem elektromagnetischen Fluid usw. gearbeitet. Doch der Hauptpunkt stellen die göttlichen Eigenschaften wie z. B. die Allmacht dar, mit denen der Göttliche Stein der Weisen durch gewisse Übungen geladen wird.

*

Talismanologie und Mantramkunde
Seila Orienta/Franz Bardon

Zum ersten Mal werden hier (magisch) geladene Mantrams – Gebetssätze – preisgegeben, welche bei nötiger Reife, Ausgeglichenheit und Reinheit durchdringende Erfolge versprechen. Mantrams sind ja nach Bardon nicht irgendwelche „Suggestionssätze", sondern sie sind Ideenausdrücke, mit denen man mit Mächten, Kräften, Eigenschaften, also Gottheiten, in Verbindung kommen kann. Gleichzeitig werden die dazugehörigen Siegelzeichen der göttlichen Ideen preisgegeben, welche im rituellen

Zusammenhang mit den Mantrams stehen. Ein Buch, dass nicht nur die Hermetiker sondern auch die Anhänger der Yogawissenschaften inspirieren wird!

*

Eine Sammlung der schönsten und lehrreichsten Beschwörungsgeschichten
Hohenstätten

Dieses Buch ist einzigartig, denn es zeigt den zweiten Band von Franz Bardon an Hand von interessanten Evokationsberichten, die genau das bestätigen, was Bardon in seinem Buch geschrieben hat, und noch darüber hinaus. Es werden sensationelle Erlebnisse geschildert, die man sonst niemals findet. Auch aus unveröffentlichten Schriften wird zitiert.

*

Verkörperungen des Meister Arion
Hohenstätten

Man wird beim Lesen dieses Buches nicht glauben, wie viele bekannte und unbekannte Inkarnationen Franz Bardon hatte. Die paar, die im „Frabato" bekannt gegeben wurden, stellen nur einen geringen Teil seiner Verkörperungen dar. Wir mussten, da es dermaßen wenig Literatur über die Verkörperungen gab, wieder hunderte und aberhunderte von Büchern, Aufsätzen, Zeitschriften und Artikeln durcharbeiten, bis wir genügend Material für dieses Buch hatten. Aber der Leser wird sich beim Lesen sicherlich über unsere Arbeit freuen, denn sie wird ihn in Erstaunen versetzen!

*

Shamballa, der goldene Tempel des Lichts
Hohenstätten

Dieser Tempel dürfte jeden Leser von Bardons Roman „Frabato" fasziniert haben. Dass es aber in der okkulten Literatur noch viel mehr Informationen darüber gibt, die man aber nur findet, wenn man alles Veröffentlichte gelesen hat, dürfte dem einen oder anderen unbekannt sein. Es wurden wieder ganze Stöße von Büchern durchgesehen und das Ergebnis wird hier veröffentlicht. Es wird aber gleichzeitig darauf hingewiesen, wie viel Schundliteratur es darüber gibt, wie viel Lügen im Umlauf sind, damit sich der Schüler der Hermetik ein klares Bild machen kann. Wir bringen in diesem Buch alles, was wir an Material darüber gefunden haben und es wird auch noch einiges aus der eigenen Erfahrung, was das Wertvollste ist, mitgeteilt. Nicht nur über den Tempel wird berichtet, sondern auch über die damit verbundene „Bruderschaft des Lichts", dessen Sitz er darstellt.

*

Auf der Suche nach Meister Arion
Hohenstätten

Diese Autobiographie eines Schüler der Hermetik des Franz Bardon schildert sein magische Leben, in welcher zahlreiche Erfahrungen zu den Übungen aus dem Adepten geschildert werden, die die Haupt- person selbst erlebt hat. Es wird der schwere Weg des Adepten aus autobiographischer Sicht gezeigt, seine vielen Tiefschläge, aber auch seine glanzvollen Seiten und Zeiten. Der harte Kampf mit dem Seelenspiegel wird bis in alle Einzelheiten aufgezeigt, genauso wie die vielen anderen Wege, in welche der Autor reinschnupperte um dadurch reichlich Erfahrung sammeln zu können. Darüber hinaus enthält es unzählige Erfahrungen und Berichte betreffs Mantramistik nach Bardon, die wahre Runenmagie, zahlreiche Evokationen sowie Invokationen mit seinem Lehrer Anion, einen magischen Exorzismus, wie er bisher noch nie öffentlich geschildert wurde. Mentalreisen, Beeinflussungen, Übungen zur Gottverbundenheit, Erscheinungen, Alchemie, Heilungen mit den verschiedensten magischen Methoden z. B. Quabbalah oder durch die Elemente, Schutzgeist-evokationen und viele andere magische „Wunder" seines Freundes und Lehrers Anion. Auch einige magische Fotos in Farbe, ein bisher von Bardon unveröffentlichtes Akashafoto von Christus und ein Bild des schwebenden Meister Arion werden in diesem Buch preisgegeben. Der Inhalt ist viel reichlicher, als hier kurz beschrieben werden kann.

*

Magisches Gleichgewicht
Hohenstätten

Dieses Buch zeigt eindeutig, dass in allen anderen Systemen das „Gleichgewicht" genauso gebraucht wird, wie bei Bardons Werken. Er war nicht der einzige, der das erwähnte, aber er war der erste, welche es deutlich erklärte, denn die anderen Systeme sprachen nur durch das Symbol, welches nicht jedem Leser verständlich war. Obendrein bringen wir noch unveröffentlichtes vom Meister Arion zu dieser Grundlage der magischen Entwicklung.

*

Das Leben und die Erfahrungen eines wahren Hermetikers
Seila Orienta

Diese Autobiographie eines Magiers ist unübertroffen, denn bis jetzt hat kein einziger, okkult Geschulter, so offen und ehrlich gesprochen wie Seila Orienta. Er gibt in diesem Werk sein Leben bekannt, sowie seine zahlreichen und äußerst interessanten Erlebnisse und Erfahrungen. Es werden auch zum ersten Mal Fotos von Wesen der Sphären gezeigt, welche Franz Bardon höchstpersönlich in den 20ern gemacht hat. Des Weiteren schreibt Seila Orienta über die Sphären, über Dämonen, Logenkontakte und vieles vieles mehr, was einem ehrlich strebenden Hermetiker das Herz übergehen lassen wird.

*

Das Leben des Franz Bardon
Hohenstätten

Dieses Buch beschreibt das Leben des Meisters außerhalb des Frabatos, welches seine Sekretärin – Otti V. – geschrieben hat. Es beinhaltet Erklärungen zu seiner „Biografie", weitere Einzelheiten über den Kampf mit der FOGC, seine Beziehung zu Wilhelm Quintscher und anderen Okkultisten, was alles bisher unbekannt war! Des Weiteren werden viele Erlebnisse seiner Schüler in Prag erzählt, verschiedene magische Leistungen und interessante Geschichten Bardons beschrieben, die bis dato unveröffentlicht sind. Es werden auch seine drei Lehrwerke und deren Wirkung auf die Öffentlichkeit von einem anderen, unbekannten Standpunkt geschildert, welcher durch bisher schwer zugänglichen Schriften unterstützt wird. Als Krönung wird seine aus dem tschechischen übersetzte „Runenschrift" zum ersten Mal veröffentlicht. Auch einige Seiten aus anderen unveröffentlichten Schriften von ihm sowie interessante Fotos des Meister Bardon und seiner Freunde werden hier Preis gegeben und vieles, vieles mehr.

*

In Verbindung mit der Gottheit
Hohenstätten

Über das Thema der Gottverbundenheit mit all seinen Formen und

Methoden wurde bis heute noch nie ein Buch verfasst geschweige denn eine Schrift geschrieben. Man findet in der okkulten wie in der östlichen Literatur nur spärliche Hinweise, die größtenteils verschlüsselt sind oder so geschrieben wurden, dass man sie kaum versteht. Im Gegensatz dazu wird in diesem Buch offen dargelegt, dass das 1. kleine Arkanum der 78 Tarotkarten die Gottverbundenheit in ihrer Reinform darstellt.

*

Hermetische Heilmethoden
Hohenstätten

Dieses Buch stellt in der okkulten Literatur ein absolutes Unikum dar, denn über die Gesamtheit der okkulten Heilmethoden wurde bis jetzt noch NIE etwas sinnvolles geschrieben. Es werden alle Heilmethoden erwähnt, die der hermetische Schüler mit Hilfe seiner bisher erlangten Konzentrationsfähigkeit ausüben und verwenden kann.

*

Erste hermetische Zeitschrift

„Der hermetische Bund teilt mit" ist eine der wenigen magisch-mystischen Zeitschriften, welche sich soweit als möglich auf die universelle Lehre von Franz Bardon bezieht. Sie versucht sich an die Gesetze des 4-poligen Magneten zu halten und vermittelt Wissen sowie Hinweise für die Praxis, damit der Leser die Möglichkeit hat, sie in seinen hermetischen Weg aufzunehmen und für sich gewinnbringend zu verarbeiten.

Noch viel mehr hermetische Literatur finden Sie auf unserer Website: http://www.hermetischer-bund.com.

Viel Vergnügen beim Stöbern!

Der Verlag

FSC
www.fsc.org

MIX

Papier aus ver-
antwortungsvollen
Quellen
Paper from
responsible sources

FSC® C105338